666 Ebós de Odu para todos os fins

Adilson de Oxalá
(Awofa Ogbebara)

666 Ebós de Odu para todos os fins

3ª edição
4ª reimpressão

Rio de Janeiro
2020

Copyright © 2001, by:
Adilson de Oxalá (Awofa Ogbebara)

Produção editorial
Pallas Editora

Revisão
Sandra Pássaro
Heloisa Brown

Editoração eletrônica
Geraldo Garcez

Capa e projeto gráfico
Leonardo Carvalho

Fotolitos de capa e miolo
Minion Tipografia

Todos os direitos reservados à Pallas Editora e Distribuidora Ltda. É vetada a reprodução por qualquer meio mecânico, eletrônico, xerográfico etc., sem a permissão por escrito da editora, de parte ou totalidade do material escrito.

CIP-BRASIL. CATALOGAÇÃO-NA-FONTE.
SINDICATO NACIONAL DOS EDITORES DE LIVROS, RJ.

A974s	Awofa Ogbebara 666 ebós de Odu para todos os fins / Adilson de Oxalá (Awofa Ogbebara). – 3ª ed. – Rio de Janeiro : Pallas, 2014. Inclui bibliografia. ISBN 978-85-347-0311-6 I. Candomblé – cerimônias e práticas. 2. Cultos afro-brasileiros. I. Título.
99-0161	CDD 299.67 CDU 299.6.3

Pallas Editora e Distribuidora Ltda.
Rua Frederico de Albuquerque, 56 – Higienópolis
CEP 21050-840 – Rio de Janeiro – RJ
Tel./fax: (021) 2270-0186
www.pallaseditora.com.br
pallas@pallaseditora.com.br

SUMÁRIO

- Introdução, 9
- 1. Okanran Meji, 11
- 2. Ejioko, 25
- 3. Etaogundá, 36
- 4. Irosun Meji, 50
- 5. Oxe Meji, 64
- 6. Obara Meji, 75
- 7. Odi Meji, 89
- 8. Ejionile, 100
- 9. Osá Meji, 118
- 10. Ofun Meji, 130
- 11. Owónrin Meji, 139
- 12. Ejilaxebóra, 150
- 13. Ejiologbon, 164
- 14. Iká Meji, 177
- 15. Obeogunda, 193
- 16. Alafia, 206
- Nomes Dos Odus No Merindilogun E Em Ifá, 217
- Configurações Indiciais Dos Odus Em Ifá, 218

❖ Glossário Das Ervas Litúrgicas, 220

❖ Glossário, 234

❖ Bibliografia, 239

DEDICATÓRIA:

Dedico este trabalho a todos aqueles que nada sabem e julgam saber.
Àqueles que, sabendo, fingem não saber.
E àqueles que, mesmo sabendo, têm a consciência de que nada sabem.

"Só a mente que possui a essência da humildade pode aprender".
(Krishnamurti).

INTRODUÇÃO

O culto aos orixás foi mantido, durante séculos, através da tradição oral. Tempo houve em que nada se escrevia, tudo era transmitido "boca-ouvido" e a possibilidade de se fazerem anotações escritas era tida e havida como um desrespeito, não só à tradição como às próprias divindades.

"Candomblé se aprende na prática, no cotidiano dos terreiros!" Afirmavam de forma enfática nossos mais velhos.

Não pretendemos teorizar quanto à validade desta assertiva. Talvez funcionasse eficazmente numa época em que as pessoas do culto viviam apenas para o culto, dedicando a ele seu tempo integral. Mas hoje a coisa mudou.

Na atual conjuntura, poucos são os sacerdotes que vivem exclusivamente do culto e para o culto. O ser humano atual, por mais dedicado que seja a sua religião, tem de dividir seu tempo equacionando um espaço para a prática religiosa e um espaço para suas atividades de cidadão comum. Afinal, ser pai ou mãe-de-santo não é, ou pelo menos não deveria ser, profissão!

Junte-se a isso um detalhe que reputamos da maior importância: nossos ancestrais religiosos, os negros africanos trazidos à força para nossa terra, não possuíam escrita e por este motivo, somente por este motivo, não escreviam os seus fundamentos religiosos, embora os mantivessem vivos através de símbolos que representavam para eles uma linguagem tão eficaz quanto a escrita.

Infelizmente a técnica de interpretação da linguagem dos símbolos, retida por aqueles que a dominavam, desapareceu com eles na medida em que preferiram levá-la para o túmulo a transmiti-la a quem quer que fosse. E o que restou para nós?

Retalhos esparsos, é o que nos restou! Trapos e farrapos espalhados aqui e acolá e que agora um grupo de abnegados tenta, com muito sacrifício, reunir e, costurando uns aos outros, remontar o quebra-cabeças criado pelo suicídio cultural ao qual nossa religião foi submetida.

Mesmo assim, esses mesmos abnegados são criticados e acusados de exporem publicamente os segredos mais recônditos da religião, tornando-os acessíveis aos não iniciados, como se isso pudesse gerar conseqüências mais graves do que a manipulação do saber ostentado com tanta vaidade por seus acusadores, saber este que, na maioria das vezes, não resiste a um questionamento, por mais superficial e elementar que seja.

"Quem sabe não teme a divulgação do saber!" afirmamos em resposta aos detratores que tremem de pavor diante do perigo de verem as suas "verdades" desmoronarem diante da brisa suave de um movimento de intelectualização do culto, em toda a sua diversidade de segmentos.

Não é nossa intenção, na apresentação deste preâmbulo, acirrar a disputa entre os reacionários e aqueles que acham legítimo divulgar o saber religioso e a cultura afro-brasileira utilizando-se para tanto do registro escrito de tudo quanto possa trazer subsídios aos seguidores desta religião, assim como aos apaixonados por essa cultura.

Cabe-nos ainda lembrar, e qualquer um pode observar "in loco", bastando para tanto visitar os templos de quaisquer outras religiões, que em todas elas, seja qual for a sua origem, os livros estão sempre presentes aos rituais. São lidos e consultados durante as liturgias e são tão sagrados como os demais componentes do altar.

O tempo passou. Agora vivemos de forma acelerada. O analfabetismo é combatido como uma peste, uma praga que coloca o ser humano em um estado de inferioridade só comparável ao dos considerados legalmente incapazes.

O candomblé já não é, felizmente, religião de analfabetos. Exige de seus seguidores, e muito mais, de seus sacerdotes, não um mínimo, mas uma carga cultural suficientemente sólida para lhes proporcionar o entendimento de seus fundamentos esotéricos. E aí está o saber.

Mas, em verdade, ficamos felizes ao verificar que aqueles que mais combatem as publicações sobre o candomblé são os primeiros a comprarem as mesmas publicações, sempre com a desculpa hipócrita de pretenderem avaliar o que nelas está contido, como se tivessem, para tanto, os três requisitos básicos: cultura geral, cultura religiosa e sinceridade de propósitos.

O presente trabalho tem a pretensão de auxiliar a todos, inclusive aos que abominam os livros, a encontrarem soluções para seus problemas e para os daqueles que deles dependem.

Nele encontram-se reunidos 666 ebós para as mais diversas finalidades, todos coletados em fontes confiáveis.

O primeiro de todos, por reputarmos de muita importância, vai aqui mesmo na introdução do trabalho e pode ser feito no caminho de qualquer um dos Odu-Ifá. De todos os ebós contidos nesta publicação este é, com certeza, o mais eficaz e por este motivo garantimos o seu resultado.

1 – Ebó para adquirir Sabedoria.

A pessoa deve, todos os dias, durante pelo menos uma hora, recolher-se a um local tranqüilo onde não possa ser perturbada por nada nem por ninguém e ali, confortavelmente instalada (pode ficar sentada ou deitada), pegar um bom livro e ler. A utilização de música de fundo, desde que suave e relaxante, pode ser adotada para aumentar a capacidade de concentração do interessado. É aconselhável também, participar de cursos, simpósios e palestras.

O Autor.

1
OKANRAN MEJI

ATENÇÃO!

Quando se fizer ebó para um doente nos caminhos de *Okanran Meji*, é imprescindível, seja qual for o ebó, que se leve uma galinha carijó à casa do cliente deixando-a lá, solta e com vida.

2 - PARA TORNAR-SE INVULNERÁVEL A FEITIÇOS

Para garantir esta invulnerabilidade, pega-se uma folha de *xicá* e pinta-se nela o signo de *Okanran Meji;* lavam-se as mãos, joga-se a água das mãos sobre a folha e deixam-se as mãos secarem sem o uso de toalha. Deixam-se as folhas nos pés de Ibeji até que sequem e depois faz-se com elas um pó que deve ser soprado atrás da porta da rua.

3 - PARA OBTER UMA GRAÇA COM AUXÍLIO DE EGUM

Coloca-se, para egum, uma quartinha com água da chuva e uma com água da bica. Faz-se a *mojuba* de egum, pede-se o que se quer e, no dia seguinte, despacha-se o conteúdo das quartinhas na porta da rua. Repete-se a operação durante nove dias seguidos.

4 - MEDICINA PARA OS RINS

Tomar diariamente banhos de assento com folhas de *ré*. Além disso, tomar chá de *mastruço* e folhas de *aperta-ruão* três vezes ao dia.

5 - PARA VENCER UMA DEMANDA

Sacrifica-se uma galinha sobre uma corrente de ferro do tamanho da pessoa e despacha-se em uma linha férrea o bicho sacrificado. A corrente é jogada no mar.

6 - PARA TIRAR NEGATIVIDADE COM AUXÍLIO DE EXU

Quando este Odu surge trazendo *osogbo*, pega-se uma franga, abre-se ao meio, enche-se com azeite-de-dendê e coloca-se em cima de Exu.

7 - TRABALHO PARA SOLUCIONAR PROBLEMAS

Pega-se um galo, apresenta-se a Exu e pede-se tudo ao contrário do que se deseja. Faz-se a cerimônia mas não se sacrifica o animal nem se dá nada. Desta forma, Exu sente-se enganado e concede tudo ao contrário do que se pediu.

8 - PARA PROGREDIR E TER TRANQÜILIDADE

São necessários quatro pintos, dois *obis*, panos branco, vermelho e preto, quatro carás e tudo o que leva um ebó. Os pintos são sacrificados para Exu, assados, e no dia seguinte, despachados no mato.

9 - EBÓ PARA TER FILHOS

Usa-se um carneiro, um galo, uma acha de lenha, milho de galinha, *inhame*, azeite-de-dendê, pó de preá, pó de peixe, *ori-da-costa*, *efun*, mel, aguardente, e muitas moedas. Oferece-se tudo a Exu e passa-se a usar um *idefá* consagrado.

10 - OUTRO EBÓ PARA A MESMA FINALIDADE

São precisos um galo, dois pombos, uma *cabaça* com água de chuva, um feixe de lenha, urna corda com a medida da mulher, pó de preá, pó de peixe, milho, *ori*, azeite-de-dendê, mel, aguardente, moedas e um *ecodidé*. Tudo é para Exu. Usar também um *idefá* consagrado. A corda fica enrolada perto de Exu até que a mulher fique grávida, depois é amarrada no tronco de uma árvore dentro da mata.

11 - PARA TIRAR EGUM DE DENTRO DE CASA

Leva-se um pouco de comida a um cemitério e arreia-se nos pés de uma árvore, oferecendo-a ao egum em questão.

12 - PARA QUE O HOMEM NÃO TRAIA A MULHER

Sacrifica-se um cabrito (sem chifres) para Exu. Deixa-se a cabeça secar e se reduz a um pó que se mistura a talco de toucador. A mulher deve passar essa mistura no corpo, principalmente nas partes genitais, para que seu homem nunca mais a traia.

13 - PARA FICAR EM IRÊ

Quando este Odu surge em *atefá*, tiram-se as orelhas do cabrito de Exu e leva-se a um local dentro da mata onde se enterra junto com um pinto, pó de preá e pó de peixe.

14 - TRABALHO COM XANGÔ PARA PROBLEMAS DE JUSTIÇA

Prepara-se um *acaçá* que deve ser desmanchado dentro da gamela de Xangô. Sacrifica-se um pombo; no terceiro dia, recolhe-se o *ekó* e coloca-se em um balde com água para que a pessoa tome um banho. Indicado para solucionar problemas de justiça e de documentos.

15 - TRABALHO PARA EVITAR UM ABORRECIMENTO

Pegam-se quatro cocos, partem-se todos ao meio, põe-se tudo nos pés de Obatalá e despacha-se nos pés de uma palmeira depois de três dias.

16 - TRABALHO COM EXU PARA LIVRAR-SE DE INIMIGOS

Pegam-se três pedras. Cobre-se uma com pó de *efun* e embrulha-se em pano branco. Cobre-se a outra com pó de carvão vegetal e embrulha-se em pano preto. Cobre-se a terceira com pó de *osun* e embrulha-se em pano vermelho. Em cada embrulho coloca-se um papel com o nome da pessoa. Sacrifica-se um preá sobre os embrulhos e enterra-se o vermelho aos pés de uma árvore; o branco atira-se no mar e o preto deixa-se na porta do cemitério. Em cada embrulho colocam-se também três grãos de *pimenta-da-costa*, pó de folhas de *kunino*, pó de folhas de *abiu roxo*, pó de *cuaba*, *vence-demanda* e folhas de *loaso*.

17 - PARA OBTER-SE UMA COISA DIFÍCIL

Coloca-se *inhame* com dendê para Exu e *inhame* com *ori* e *efun* para Obatalá. A pessoa tem que dar comida aos eguns e colocar uma bandeira branca em casa.

18 - EBÓ PARA DESMANCHAR UM FEITIÇO

Oferece-se um galo e um *inhame* grelhado e regado com muito azeite-de-dendê para Exu. Um ovo de galinha untado com *ori* e *efun* é colocado para egum com nove velas.

19 - PARA UMA MULHER RECUPERAR A BELEZA DO SEU CORPO

Pega-se uma abóbora e abre-se ao meio. Dentro dela colocam-se cinco faixas de seda amarela com a medida da cintura da mulher. Enche-se a abóbora com mel e deixa-se nos pés de Oxum durante cinco dias. Todos os dias a mulher tem de acender uma vela e pedir ao orixá para recuperar sua formas. Despacha-se em uma cachoeira.

20 - PARA TRAZER A SORTE PARA DENTRO DE CASA

Para que a boa sorte não fique parada do lado de fora de casa, a pessoa tem de oferecer duas galinhas pretas e dois cravos de linha de trem a Orumilá. Os cravos são furados na parte de cima e ali coloca-se pó feito com as cabeças das galinhas, pó de *bejerecun* e pó de *obi*. Enterram-se os cravos na entrada da porta. As carnes são comidas pelas pessoas de casa.

21 - PARA OBTER UMA GRAÇA DE OLOCUM

Oferece-se um galo a Olocum e embrulha-se em um pano bem colorido com *ekó*, azeite-de-dendê, milho, aguardente, mel e sete guizos de cascavel. Entrega-se no mar.

22 - PARA QUE UM SEGREDO NÃO SEJA DESCOBERTO

Sacrifica-se, para Ossâim, um galo cego de um olho, que deve ser passado na cabeça do cliente.

23 - TRABALHO CONTRA A MISÉRIA

Usa-se uma roupa velha bem surrada, sapatos velhos, dois caranguejos, folhas de *carrapeta*, uma franga preta, uma franga branca, uma *cabaça* grande, uma escova, três *obis*, pó de preá, pó de peixe, azeite-de-dendê, mel, aguardente e velas.

Abre-se a *cabaça* ao meio, passa-se tudo no corpo da pessoa e vai-se arrumando dentro da *cabaça*. Rasga-se a roupa velha que tem no corpo e coloca-se, junto com os sapatos, dentro da *cabaça*. Sacrificam-se as frangas e passa-se a escova no corpo da pessoa para limpá-la. Coloca-se tudo dentro da *cabaça*, cobre-se com os pós, mel, azeite-de-dendê e aguardente. Fecha-se a *cabaça*, embrulha-se em um lençol velho que tenha pertencido à pessoa e despacha-se nas águas de um rio. A pessoa, depois do ebó, banha-se com *omieró* das folhas deste Odu e veste roupa limpa, de preferência branca e nova.

24 - EBÓ PARA ABRIR CAMINHOS

Um galo, uma franga, duas galinhas pretas, duas galinhas-d'angola, milho, folhas de *maloja*, terra de quatro esquinas, pano branco, pano preto, folhas de *kokodi*, *obi*, velas, pó de preá e de peixe, azeite-de-dendê e moedas.

O galo é para Exu, junto com o milho e as folhas de maloja. As duas galinhas-d'angola para Obaluaiê, as duas galinhas pretas para Orumilá e a franga para fazer sacudimento. Pergunta-se no jogo onde deve ser despachado.

25 - EBÓ PARA ACABAR COM AS PERDAS

Duas galinhas, um galo, uma estaca, pó de preá e de peixe, azeite-de-dendê, milho de galinha e bastante moedas.

Enterra-se o milho e no local crava-se a estaca e prendem-se as galinhas vivas a ela. Na medida em que as galinhas vão escavando o solo, o milho vai aparecendo e aí é que está o segredo do ebó. O galo é sacrificado para Exu e as moedas são passadas na pessoa e espalhadas no solo, no local onde se enterrou o milho.

26 - PARA ADQUIRIR RIQUEZA

Primeiro a pessoa tem de dar comida a Exu. Depois pega Exu e leva-o para passear numa praça. No dia seguinte arruma, dentro de um cesto, um *inhame* e muitas moedas, leva à mesma praça e deixa-o ali de forma que as pessoas vejam o que está fazendo.

27 - TRABALHO PARA DERROTAR INIMIGOS

Para derrotar os inimigos faz-se ebó com: um galo branco, um galo preto, um galo vermelho, uma corrente, carvão em brasa e uma pedra. O galo branco é sacrificado sobre a pedra, o preto sobre a brasa e o vermelho sobre a corrente. Despacha-se tudo em uma encruzilhada de três caminhos. Depois, oferece-se *saraekó* ao Sol, à Lua e às estrelas e refresca-se a Terra. Tem de dar comida a Exu.

Limpa-se a casa com *peregum*, azeite-de-dendê, aguardente, *obi*, pó de preá, pó de peixe, farinha de *acaçá*, *feijão-fradinho* e *amalá* de quiabo.

28 - PARA NEUTRALIZAR UM INIMIGO COM A AJUDA DE EXU

Primeiro, coloca-se mel em Oxum pedindo-lhe que traga Exu para dentro de casa. Logo em seguida diz-se: "Exu, tudo o que tem aqui é para você" e apresenta-se a ele a comida que será servida. Logo depois, convida-se o inimigo para comer. Isto serve para neutralizá-lo.

29 - PARA AGRADAR EXU NOS CAMINHOS DE OKANRAN

Oferece-se uma galinha-d'angola a Exu seguindo o seguinte preceito: forra-se o piso atrás da porta com bastante *alfavaca-do-campo*, coloca-se Exu em cima e cobre-se com folhas de melão-de-são-caetano. Oferece-se *obi-omi-tutu* e sacrifica-se a galinha-d' angola, deixando o sangue correr ao redor de Exu e as últimas gotas sobre as folhas que cobrem o assentamento.

30 - EBÓ PARA CONSEGUIR DINHEIRO

Usa-se um galo, uma galinha, um pombo, aguardente, uma cesta, folhas de *golfão* e moedas. O pombo é para *Ilê*; o galo e a galinha são para Exu. O carrego sai dentro da cesta.

31 - EBÓ PARA DESMASCARAR UM INIMIGO

Usa-se um galo, um tomate e uma bola de farinha. Passa-se tudo no corpo e sacrifica-se o galo em cima de Exu. Pergunta-se no jogo onde será despachado.

32 - PARA TIRAR OLHO GRANDE E INVEJA

Quando a inveja que lhe têm não deixa a pessoa prosperar, é preciso colocar um cavalinho branco e um colorido (de louça ou de plástico) junto ao seu orixá, e ter muito cuidado para que não os roubem. A pessoa deve tomar banhos constantemente com folhas de *maravilha*.

33 - PARA ESFRIAR A CABEÇA E OBTER A PROTEÇÃO DE XANGÔ

Pegar uma placa de ferro, esquentá-la ao fogo até que fique em brasa e derramar sobre ela uma colher de água fresca dizendo: "Bobila omi ipao aiyuá".

Em seguida, sacrificar dois galos para Xangô e oferecer-lhe uma penca de bananas. Tomar *bori*.

34 - SEGURANÇA PARA CONSEGUIR DINHEIRO

São usados uma galinha, dois pombos, folhas e sementes de *maravilha*, espinha dorsal de um peixe fresco, penas dos bichos do ebó, os miolos dos bichos e suas cristas, terra de casa, terra de 16 esquinas, terra de mata recolhida ao meio-dia, terra de cemitério recolhida à meia-noite e *feijão-fradinho*. Prepara-se *ecurú*, *olelé*, *acarajé* e *acaçá*.

Faz-se o ebó e oferece-se olelé, acaçá e acarajé a todos os orixás.

Sacrifica-se a galinha a Exu e os pombos a Ossâim.

Com as cabeças das aves, a espinha do peixe, as folhas, e as sementes, monta-se um amuleto que deve ficar atrás da porta de casa, coberta por um ramo de folhas de *maravilha*. Come, de vez em quando, com Exu e com Ossâim.

35 - AMULETO PARA CONSEGUIR DINHEIRO

Sacrificam-se dois pombos no alto de uma montanha para ela (a montanha). Pegam-se as cabeças dos pombos, seca-se, faz-se pó e mistura-se com pós de peixe, de preá, de *efun*, de *aridan*, de *pixurim*, de folhas e sementes de *maravilha*, de espinha de peixe fresco e de carvão. Depois de tudo bem misturado, coloca-se em um saquinho de pano preto e branco e pendura-se atrás da porta de casa.

36 - PARA QUE O FILHO SEJA GRANDE E PODEROSO

Sacrifica-se uma galinha-d'angola em nome de seu filho. Depois, com o *ori* da ave, faz-se uma segurança colocando dentro de um saquinho com uma fava de *pixurim*, um búzio, uma moeda antiga, pó de peixe e folhas de *erva-lanata*. Coloca-se em Oiá, preso a um leque enfeitado com penas de pavão, de ganso e de peru.

37 - PARA AGRADAR E OBTER UMA GRAÇA DE OSSÂIM

A pessoa tem que sacrificar um pombo para Ossâim e para Ogum. Tomar *bori* com dois *obis*.

38 - PARA A PESSOA AMEAÇADA DE LOUCURA OU FRAQUEZA DA CABEÇA

Fazer ebó com um pombo, três pratos, dois alguidares, três velas, sabão-da-costa e bucha vegetal. Leva-se o cliente a um rio, banha-se com o sabão e a bucha, apresenta-se o pombo à sua cabeça e solta-se com vida para que leve a loucura para longe. A bucha e o sabão usados são deixados dentro de um dos alguidares com o outro emborcado por cima. Acendem-se três velas, uma em cada prato, e arruma-se ao redor dos alguidares. Fica na beira do rio, próximo ao lugar em que foi dado o banho.

39 - PARA TIRAR NEGATIVIDADE

A pessoa tem de tomar sacudimento e banhos com folhas de *algodão*, *sempre-viva* e de *guaxima-do-mangue*.

40 - TRABALHO CONTRA A INVEJA E O OLHO-GRANDE

Pega-se um coco seco e coloca-se atrás da porta de casa dentro de um prato branco, com uma vela acesa ao lado, pedindo a Exu que defenda a casa da inveja e do olho-grande. Renova-se a cada sete dias, despachando o que sair na encruzilhada mais próxima de casa.

41 - PARA NEUTRALIZAR ALGUÉM

Dentro de um coco seco, depois de retirada a água, coloca-se: um pouco de terra de quatro esquinas, um pouco de terra de formigueiro, um pouco da terra da casa da pessoa que se deseja neutralizar, o seu nome escrito em um pedaço de papel sujo, uma colher de óleo de rícino, uma colher de óleo de *mamona*, um pedacinho de osso humano, um pedacinho de galho de *vence-demanda* e nove grãos de milho torrado bem queimados.

Depois que tudo estiver dentro do coco, tapa-se a abertura bem tapada, coloca-se em um alguidar de barro e arreia-se para egum. Durante nove dias, acendem-se três velas por dia, sendo uma às seis da manhã, a outra às 12 horas do diá e a terceira à meia-noite.

Em uma outra versão deste mesmo trabalho, em vez de acenderem-se as velas, coloca-se o coco para ferver.

42 - PARA PERTURBAR A TRANQÜILIDADE DO INIMIGO

Pega-se um pedaço de galho reto de *iroco* que tenha cerca de um metro de comprimento, e serra-se verticalmente, com muito cuidado, em uma das pontas, para abrir uma fresta.

Pega-se um papel com o nome da pessoa escrito nove vezes, um pedacinho de pano vermelho, nove pimentas-malaguetas, pêlos de gato preto, um pouco de alcatrão, nove gotas de azougue, nove agulhas, nove grãos de milho torrado, um pedaço de fita vermelha, um pedaço de fita amarela, um pedaço de fita branca, um carretel de linha preta, pó de preá, pó de peixe, *osun* e *uáji* e coloca-se sobre o papel com o nome, dobrando-o em seguida.

Coloca-se tudo dentro do pano vermelho, enrola-se com linha preta e introduz-se na abertura feita no galho de *iroco*. Enrolam-se as fitas na seguinte ordem: branca, amarela e vermelha. Pega-se o galho, coloca-se em um prato branco e arreia-se diante de egum com uma vela acesa. Sacrifica-se um galo preto sobre o fetiche e despacha-se a ave inteira dentro de um cemitério. Durante os nove dias subseqüentes, a pessoa vai diante de egum, pega o galho com a mão esquerda e, chamando o nome da pessoa, dá três pancadas no chão, pedindo a egum o que deseja. Depois do nono dia, pega-se o pau, leva-se ao cemitério e enterra-se com a parte onde está o embrulho para baixo.

43 - BANHO PARA TIRAR MALDIÇÃO

Macera-se em uma bacia com água de rio, folhas de *alevante* e de *quebra-mandinga*. Acrescentam-se umas gotas de loção de alfazema (perfume), água benta e pó de *efun*. Mistura-se bem e toma-se um banho de corpo inteiro. Depois do banho a pessoa não pode enxaguar-se e tem que deixar que o corpo seque sem ajuda de toalha .

44 - PARA AFASTAR A MORTE DE CIMA DE ALGUÉM

São necessários água de poço, folhas de *algodão*, folhas de *lírio branco*, um copo de leite de vaca, um copo de leite de cabra, pó de *efun*, *ori-da-costa*, água benta, perfume, um copo de água de chuva. Coloca-se tudo dentro de um balde e, com uma bucha vegetal nova, ensaboa-se todo o corpo com sabão de coco, molhando-se a bucha na água do balde. Depois de ensaboado (inclusive a cabeça), despeja-se o conteúdo do balde da cabeça para baixo. Enxágua-se com água da bica e enxuga-se com toalha branca nova. Depois do banho, a pessoa deve vestir-se de branco durante sete dias.

2

EJIOKO

45 - SEGURANÇA DO ODU

São precisos um pedaço de pele de um felino de grande porte, um ímã, três agulhas, um anzol, pó de *efun*, pó de carvão, pó de *osun*, três grãos de *pimenta-da-costa*, terra de quatro esquinas, *hortelã*, folhas de *maravilha*, *ewé nijé*, *sempre-viva* e diversas moedas correntes. Coloca-se tudo dentro de uma *cabaça* e pendura-se atrás da porta de entrada de sua casa.

46 - EBÓ DE TROCA

Quando "Le" - a Terra - exige um sacrifício que substitua a morte próxima de sua mãe, seu pai, mulher ou filho, pressupõe-se que o sacrifício será considerável, uma vez que tem por objetivo "enganar a morte".

No mesmo dia em que o signo for encontrado, o cliente adquire o cabrito mais bonito que puder encontrar e uma *cabaça* suficientemente grande para que possa comportar uma galinha, a polpa de uma *abóbora*, um *mamão* e dezesseis *acaçás*.

O sacerdote sacrifica o cabrito, derrama o seu sangue dentro da *cabaça*, retira seus intestinos que são esvaziados, limpos e lavados com muito cuidado, o coração, os pulmões, os rins, o fígado e a gordura. Sacrifica a galinha e junta suas vísceras ao conteúdo da *cabaça*.

Antes de iniciar este ritual, os dezesseis Odu Meji devem ser traçados no *ierofá*, que é despejado dentro da *cabaça* depois das vísceras da galinha.

Depois disto, vai colocando, dentro da *cabaça*, um número de búzios correspondente ao número de parentes vivos do consulente. Os búzios são colocados um a um dentro da *cabaça* e, a cada búzio colocado, o cliente diz: "Eis aqui minha mãe, ela pagou! Eis aqui meu pai, ele pagou! Eis aqui minha mulher (ou marido) ela (ele) pagou! Eis aqui meu filho fulano, ele pagou! Eis aqui meu filho sicrano, ele pagou!" E assim, até chegar ao nome do último parente vivo. Depois de oferecido o búzio correspondente ao filho ou neto mais novo, o cliente colocará um último búzio, dizendo as seguintes palavras: "Eis aqui, este sou eu e também estou pagando!"

Este ebó exige muito critério e muita atenção: se o nome de algum parente for omitido (propositadamente ou não) durante a entrega dos búzios, a pessoa cujo nome não tenha sido relacionado estará irremediavelmente condenada à morte. O sacerdote deverá prescrever, além deste, outros sacrifícios considerados de segurança, tanto sua, como do cliente. Por tratar-se de um ebó que visa "enganar a morte", as pessoas envolvidas devem proteger-se através de outros ebós além de sacrifícios oferecidos a orixás, Exu, eguns etc.

O sacerdote, acompanhado do cliente, penetra em uma floresta, constrói um monte de terra limpa sobre o qual coloca toalhas brancas e toalhas vermelhas, traça os doze primeiros signos e, por deferência, os quatro últimos. Na medida em que vai traçando cada signo, vai fazendo suas saudações, depois despeja o *ierosum* em que foram traçados sobre o sacrifício que está oferecendo.

A *cabaça* com todo o seu conteúdo é depositada sobre os panos vermelhos. Juntam-se dez *obis batá* dentro de uma quartinha com água posta à esquerda da *cabaça*. Depois disto todos os presentes batem cabeça em homenagem à Terra e retiram-se no mais absoluto silêncio. Este sacrifício serve para todos os Odu.

47 - TRABALHO PARA OBTER DINHEIRO

Usa-se uma porção de feijão-fradinho cozido sem sal e sem qualquer outro tempero. Colocam-se os feijões, depois de cozidos, dentro de uma *cabaça*; rega-se com bastante azeite-de-dendê, coloca-se em cima do *opon* com *ierofá* e reza-se o Odu. Pega-se o *ierofá*, depois de terminada a reza, e coloca-se dentro da *cabaça*. Passa-se um galo preto no corpo, sacrifica-se sobre o conteúdo da *cabaça*, limpa-se e esquarteja-se o bicho e colocam-se suas partes dentro da *cabaça* sem cozinhar. Em seguida, leva-se a *cabaça* a uma mata onde, segurando-a com a mão esquerda, vai-se pegando o seu conteúdo e espalhando a esmo enquanto se diz: "Umbo bogbo Orixá, Egum maiye igbo opolopo owo."

A *cabaça*, depois de esvaziada, é deixada na mata.

48 – TRABALHO PARA REAVIVAR A MEMÓRIA

Oferecer à cabeça um pombo, um cágado e 16 bolas de *algodão*. Despacha-se em água corrente.

49 – TRABALHO PARA DERROTAR UM ARAJÉ

Escreve-se o nome do inimigo no chão de uma construção abandonada. Coloca-se em cima uma panela de barro com óleo de motor queimado e uma aranha peluda. Acende-se uma mecha pedindo a derrota do *arajé*. Este trabalho só terá resultado se, na hora em que for feito, o *arajé* estiver dormindo.

50 – EBÓ EM IRÊ

Um cabritinho, um galo, quatro espigas de milho, uma *cabacinha*, um cágado, uma faca, pó de preá e pó de peixe. Os animais são sacrificados para Exu. A cabacinha, que recebe um pouco do sangue de cada bicho, é envolvida em palha-da-costa e permanece, para sempre, junto ao *igbá* de Exu.

51 – PARA AFASTAR IKÚ DE CASA

Para que Ikú se afaste de casa, lava-se uma corrente com *omieró* de *peregum* e pendura-se atrás da porta.

52 – PARA TER PROTEÇÃO DE ORUMILÁ

Para ter proteção de Orumilá, pega-se um pedaço de carne bovina e prende-se em um gancho de ferro, rega-se com bastante azeite-de-dendê e oferece-se a Orumilá. O gancho é retirado, aquecido até ficar em brasa e esfriado em um recipiente com água limpa. A água deve ser bebida pela pessoa para quem se está fazendo o trabalho. A carne é oferecida a um cão de rua.

53 – EBÓ PARA TIRAR *OSOGBO* IKU

Um cabrito preto, um galo, um caixãozinho forrado com pano preto, um boneco vestido com roupa usada da pessoa, nove velas, pó de *efun*, pó de *osun*, pó de carvão vegetal, pó de peixe, pó de preá, azeite-de-dendê, milho torrado, *ori-da-costa*, aguardente, obi, varredura da casa da pessoa (tem que se varrer a casa bem cedo, logo que amanheça o dia; o pó recolhido é colocado dentro do caixãozinho).

Coloca-se o boneco dentro do caixão e sacrifica-se o cabrito e o galo, depois de passá-los na pessoa, sobre ele e Exu; coloca-se um pouco de cada axé relacionado dentro do caixão, faz-se o *orô* para Exu, acendem-se as nove velas, leva-se e enterra-se o caixão em um cemitério e, no local, acendem-se mais nove velas.

Ao regressar, todos os participantes, inclusive a pessoa para quem foi feito o trabalho e que não deve ir ao cemitério, tomam banho de *omieró*.

O *omieró* que sobrar tem que ser despachado no local indicado pelo jogo.

54 – PARA TER PROTEÇÃO DOS EGUNS DE TRÊS BABALAÔS

Quando se encontra este Odu, sacrifica-se um pombo para a Terra na intenção de três babalaôs já falecidos, cujos nomes devem ser falados na hora do sacrifício; depois, pisa-se no sangue derramado na terra. Assa-se o corpo do pombo, coloca-se em um prato branco e deixa-se atrás da porta de casa. No dia seguinte leva-se e despacha-se em um cemitério.

55 - PARA TER SORTE

A pessoa tem de tomar, durante três dias consecutivos, banhos de assento com folhas de *mil-flores*.

56 - SEGURANÇA DO ODU

A pessoa vai a uma mata e ali, de olhos fechados, colhe uma planta qualquer sem escolhê-la; depois, chegando em casa, replanta-a e sopra-lhe em cima *ierosum* rezado deste Odu. Todos os dias pela manhã, rega a planta e pede o que deseja.

57 - PARA DEFENDER A CASA

A pessoa tem de oferecer um galo à porta de casa com mel, pó de preá e pó de peixe. Passa-se um pouco do sangue do galo nos pés da porta e deixa-se, atrás dela, uma faca cuja ponta deve ser quebrada.

58 - EBÓ PARA *IRÊ*

São precisos três pombos, um cabrito (do qual se utilizam as tripas), uma panela de barro e um pau do tamanho da pessoa; folhas de *jarrinha, guaxima-do-mangue* e de *kekeriongo*. Oferece-se os pombos para *Ilê* e o cabrito para Exu. Retiram-se as tripas do cabrito e coloca-se dentro da panela, tempera-se com azeite-de-dendê, mel e aguardente, e cobre-se com as folhas. Leva-se a panela para o mato, enterra-se e espeta-se o pau no local exato em que ela for enterrada.

59 - PARA RESTABELECER A SAÚDE

A pessoa deve dormir com uma fita vermelha amarrada no pulso esquerdo para restabelecer sua saúde.

60 - PARA ELIMINAR PARASITAS VAGINAIS

Para eliminar parasitas vaginais que destroem os espermatozóides impedindo que tenha filhos, a mulher deve tomar lavagens vaginais com água onde se cozinharam cascas de coco verde e bicarbonato de sódio.

61 - *ADIMU* PARA AGRADAR EGUM

A pessoa tem de oferecer pirão de farinha de *banana* verde a egum como principal adimú.

62 - PARA QUE TUDO FIQUE BEM EM CASA

Pega-se um fígado bovino, amassa-se bem e espalha-se pelo chão de casa para que as pessoas o pisem. Só assim se desfaz o aspecto negativo deste signo para que fique tudo bem.

63 - PARA DESPACHAR *IKÚ*

Neste caminho se faz ebó para espantar *Ikú* com uma *cabaça*, um pedaço de fígado bovino, *mariô* picado e duas estacas de madeira. Passa-se o pedaço de fígado no corpo da pessoa despida e coloca-se dentro da *cabaça*. Bate-se o mariô no seu corpo, pica-se bem picado e coloca-se sobre o fígado, na *cabaça*. Leva-se a uma mata, espetam-se as estacas no chão, amarra-se um barbante com a medida da pessoa unindo uma estaca à outra e pendura-se a *cabaça* no meio deste barbante.

64 - PARA DESPACHAR EGUM

São usados um carneiro, uma cabeça de boi e um pano listrado. Cobre-se a pessoa com o pano listrado e oferece-se o sacrifício a Exu, depois enrola-se tudo no pano e despacha-se em um cemitério.

65 - TRABALHO PARA MELHORIA FINANCEIRA

São usados dois galos, dois saquinhos com milho torrado e uma forquilha de madeira.

Passam-se os galos na pessoa e sacrifica-se para Exu. Depois disto, passam-se os dois saquinhos e a forquilha, prendem-se os saquinhos, um em cada ponta da forquilha e pendura-se o conjunto em qualquer lugar dentro de casa. Despacham-se os galos no mesmo lugar.

66 - SEGURANÇA PARA TER BOA SAÚDE

São precisos um galo, uma corrente, raiz de *lotus*, um pedaço de chifre de veado, uma boneca vestida de verde e água de rio.

Vai-se a um local (rio ou lago) onde exista *lotus*, pega-se a corrente que deve ser do tamanho da pessoa e com ela, mergulhando-a e movimentando-a entre as folhas, pega-se uma boa quantidade de *lotus*, do qual retiram-se as raízes. Com estas raízes (desprezam-se as folhas), prepara-se um banho com água do rio, separando-se um pouco para o ebó.

Passa-se a corrente e as raízes sobressalentes na pessoa; depois, retira-se um dos elos da corrente e com as raízes utilizadas prepara-se uma segurança dentro da boneca de pano, acrescentando-se ainda o pedacinho de chifre de veado. O resto da corrente deve ficar junto com Exu e a segurança, dentro do quarto da pessoa.

67 - PARA OBTER UMA GRAÇA DE EGUM

Em um mesmo dia, a pessoa tem de oferecer um galo para Exu e flores para os eguns.

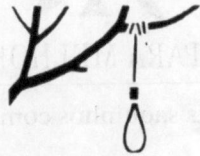

68 - PARA DERROTAR OS INIMIGOS

Esquenta-se um machado em um braseiro e depois esfria-se o mesmo em um recipiente com água fria. Um galo é oferecido a Ogum e um pouco do sangue é respingado dentro da água onde se esfriou a lâmina do machado. O machado será colocado no *igbá* de Ogum e com a água a pessoa tomará um banho.

69 - PARA GARANTIR BOA SORTE

Para garantir a boa sorte, a pessoa pega um machado novo, lava com *omieró*, envolve em pano branco e deixa oito dias nos pés de Obatalá. Depois disto, pega o machado, desembrulha e com ele corta alguns pedaços de madeira de árvores de Ogum (menos de *iroco*), e coloca em cima de Ogum. O machado deve ficar também, dentro do *igbá*.

70 - TRABALHO PARA A IMPOTÊNCIA

Pega-se um machado e esquenta-se no fogo até que a sua lâmina fique em brasa e desta forma, coloca-se em cima de Ogum. Puxa-se um pombo (ver glossário) sobre o pênis do cliente de forma que o sangue corra sobre a lâmina em brasa dentro do *igbá* e um pouquinho dentro de um recipiente com água. Terminado o sacrifício, o cliente toma banho com esta água.

71 - BANHO DE LIMPEZA NESTE ODU

O *omieró* deste Odu para banhos de limpeza é feito com *botão-de-ouro*.

72 - EBÓ PARA DIVERSAS FINALIDADES

São usados um galo, uma galinha-d' angola, uma *cabaça*, *efun*, *osun*, *uáji*, 16 grãos de *pimenta-da-costa*, quatro *obis* de quatro gomos (todos devem ser abertos), uma vela, dendê, folhas de *cascaveleira*, de *pára-raio* e *alfavaca*, um pano vermelho, um pano branco e um pano preto.

Abre-se a *cabaça* e limpa-se o seu interior. Pinta-se toda por fora com pontos de *efun*, *osun* e *uáji*; forra-se com as folhas; sacrificam-se as aves deixando o sangue correr dentro da *cabaça*; retiram-se as penas das aves sacrificadas e coloca-se dentro da *cabaça*. Joga-se, por cima, os pedaços de *obi*, os grãos de pimenta-da-costa e os pós de *efun*, de *osun* e de *uáji*. Fecha-se a *cabaça* e embrulha-se nos panos, seguindo a seguinte ordem: preto, vermelho e branco, deixa-se diante de Exu até que a vela acabe. Despacha-se a *cabaça* nas águas de um rio e as carnes das aves recebem o destino determinado pelo jogo.

73 - PARA TIRAR UMA MALDIÇÃO

Quando as pessoas se encontram sob o estigma de uma maldição, se sair este signo, têm de oferecer *adimu* a todos os orixás e fazer ebó com um galo, duas cabras, ovos de galinha e muito dinheiro.

O galo é dado a Exu e as duas cabras a Orumilá; assim, todo o *osogbo* se converte em *ire*.

74 - PARA REFORÇAR EXU

Coloca-se um cesto com quiabos crus para Exu.

Coloca-se no *igbá* de Exu um pedaço de cabo de ferramenta de ferro ou de madeira, de forma que fique encostado à parede. Sacrificam-se três pintos sobre o cabo da ferramenta e repete-se a oferenda uma vez por ano.

75 - TRABALHO PARA MELHORAR EM TUDO

Usam-se um pato, quatro pombos, melado de cana, dois pratos, *erva-de-são-domingos*, *verdolaga* e muitas moedas.

Sacrifica-se o pato para Exu e os pombos para Iemanjá. Todos os bichos são passados no corpo da pessoa.

Depois de feito o ebó, maceram-se as ervas, coloca-se um pouco de melado para que a pessoa tome um banho e passe um pano molhado com o *omieró* em toda a sua casa. Isto deve ser feito por três vezes em uma mesma semana. O *omieró* que sobrar é despejado na esquina mais próxima em nome de Exu e de Iemanjá.

76 - PARA DEFENDER A CASA DA AÇÃO DE MAUS ESPÍRITOS

A pessoa deve passar água benta, *efun* e *ori* na porta de casa.
Além disso, tem de preparar uma bola oca de barro, do tamanho aproximado de uma laranja, enchê-la com *Ierosum* rezado do Odu e deixá-la aos pés de Exu.

77 - EBÓ PARA DIVERSOS FINS

São precisos uma galinha-d'angola, três pintos, três pombos, três agulhas novas, três bonecos, pano branco, pano preto, pano vermelho e folhas de malva.

Se o ebó for para ire, os bonecos têm de ser, um de *cedro*, um de *adebesú* e o outro de *caguangaco*. O de *cedro* é despachado, o de *adebesú* fica junto com Ogum e o de *caguangaco* junto com Xangô. Depois de 21 dias os bonecos que ficaram em Ogum e Xangô são enterrados.

No mesmo ebó, se o Odu trouxe *osogbo*, o primeiro boneco é feito de madeira de *yaya*, o segundo de *eucalipto* e o terceiro de *acácia*. Os três devem ser despachados em três caminhos diferentes.

3
ETAOGUNDÁ

78 - PARA RESOLVER PROBLEMAS DE TRABALHO

Acender uma lamparina com *óleo queimado* para egum, pedindo-lhe trabalho e evolução.

79 - TRABALHO CONTRA IMPOTÊNCIA

Pega-se um pênis em miniatura de qualquer material e um *ofazinho* de ferro, ambos presos a uma corrente; coloca-se sobre uma bigorna e faz-se a seguinte reza:

"Ogunda Edeji umami eru odo Okunin kankuru ofuri buri fowo ba oko idire boiyá otiku ofikaletrupon opolo odara orokoko iywo le koku kiki epon. Epon odara Ifá omó, Ifá awo awa ariku Baba wa Axé ofikaletrupon odara."

Depois disto, sacrifica-se um galo com o material rezado em cima de Exu e de Ogum. A pessoa deverá, depois, usar a corrente com as peças presas à sua cintura e, sempre que for fazer sexo, tem de tirar e passar em seu próprio pênis.

Tem de preparar também uma poção com álcool puro, sete colheres de aveia e 101 *pimentas-malagueta*. Diariamente, antes de dormir, a pessoa tem de tomar 50 gotas da poção diluídas em 1/4 de copo d'água.

80 - EBÓ EM ETAOGUNDÁ PARA CONSEGUIR DINHEIRO

Passar um galo no corpo e sacrificá-lo para Ogum. A cabeça fica no *igbá* e o corpo é preparado para ser comido pelas pessoas da casa e todos os que chegarem. Todas as pessoas que comerem devem receber uma moeda corrente. A pessoa que faz o *ebó* não come da carne da ave. Depois de três dias, retira-se a cabeça da ave do *igbá* e coloca-se para secar. Depois de seca, prepara-se com ela um pó que é colocado em um saquinho de couro junto com um búzio. O saquinho deverá andar sempre no bolso da pessoa.

81 - SEGURANÇA DE ETAOGUNDÁ

Usar um cabrito pequeno, três cravos ou parafusos de linha férrea, uma corrente de ferro, três velas, aguardente, milho, pó de preá, pó de peixe, três agulhas, três pedras de carvão, azeite-de-dendê, uma panela de barro, um pombo, *obi*, *bejerecum*, *orobô*, raspa de madeira de *catiguá*, folhas de *tabaté* e *baria*. Coloca-se tudo dentro da panela de barro, sacrificam-se os bichos, deixa-se a cabeça do pombo dentro da panela e fecha-se. Come galo junto com Ogum, uma vez por ano.

82 - PARA OBTER-SE UMA GRAÇA COM A PROTEÇÃO DE ORUMILÁ

Oferecem-se camarões bem cozidos a Orumilá e come-se uma parte com ele, sem falar nada com ninguém. O que ficar nos pés de Orumilá tem que ser despachado depois de dois dias.

83 - PARA OBTER OS SERVIÇOS DE UM EGUM

A pessoa deve ir a um cemitério e, na tumba mais abandonada que encontrar, riscar e rezar o signo de *Ogunda Meji*; depois chamar o egum para acompanhá-la e ele terá de atendê-la pelo resto da vida. Este egum irá protegê-la e servi-la enquanto for cuidado.

84 - PARA OBTER-SE UMA GRAÇA DE IEMANJÁ

Colocam-se sete cocos secos pintados de *uáji* para Iemanjá, pede-se o que se quer e depois de sete dias, despacha-se na mata.

85 - PARA PROBLEMAS DE SAÚDE

Colocam-se três charutos enrolados com linhas vermelha, preta e branca e uma folha verde de *fumo* em Exu para resolver problemas de saúde. Oferecem-se à Oxum cinco galinhas amarelas e cinco bolinhos de feijão-fradinho e, a Xangô, um galo e *amalá* de quiabo. Depois, faz-se *saraieiê* com as cabeças das cinco galinhas, os cinco bolinhos e a cabeça do galo de Xangô. Despacha-se tudo em frente a uma cerca.

86 - PARA TIRAR NEGATIVIDADE

Cobre-se Exu com azeite-de-dendê e sopra-se aguardente sobre ele. Leva-se a uma lixeira e ali se limpa com três velas e um galo; acendem-se as velas em frente a Exu, sacrifica-se o galo e, quando acabarem as velas, pega-se

Exu e leva-se para casa. O galo fica no local em que foi sacrificado. É preciso cobrir Exu com *mariô* para que ele defenda a entrada da casa.

87 - PARA REFORÇAR EXU

Colocam-se três bonecos de *cedro* em Exu com as seguintes cargas introduzidas pelas cabeças:

1º boneco: Pó de preá, pó de peixe, milho vermelho, terra da casa do dono do Exu, *bejerecum, obi* ralado, *osun, orobô* ralado e *uáji*.

2º boneco: Os mesmos ingredientes do primeiro, substituindo-se a terra de casa por terra de uma praça pública.

3º boneco: as mesmas coisas do primeiro, substituindo-se a terra de casa por terra de um buraco qualquer que se encontre já aberto e terra de cemitério. Os três bonecos comem uma galinha quando forem colocados juntos a Exu e depois comem junto com ele tudo o que lhe for oferecido.

88 - TRABALHO PARA DERROTAR *ARAJÉ*

Bate-se quiabo picadinho com aguardente e azeite-de-dendê, embrulha-se em papel impermeável com os nomes dos *arajés* escritos sete vezes e se coloca diante de Orumilá com duas velas acesas, pedindo a derrota dos *arajés*. Despacha-se no dia seguinte no lugar determinado pelo jogo.

89 - PARA TER UM EGUM À SUA DISPOSIÇÃO

Para ter um egum à sua disposição, a pessoa pega um pouco do resto de sua comida, leva ao cemitério e deposita sobre a sepultura mais abandonada que lá encontrar; reza o Odu e pede ao egum que o acompanhe, prometendo tratá-lo e alimentá-lo enquanto obedecer às suas ordens.

90 - TRABALHO PARA LIVRAR-SE DE DOENÇAS

Pega-se uma garganta de rês inteira com a língua, cozinha-se e serve-se para Ogum em dois alguidares com *acaçás*. No dia seguinte leva-se a uma linha férrea, quebram-se os alguidares sobre ela e rega-se tudo com bastante gim. Na volta, cozinham-se folhas de espinafre e come-se na primeira refeição que se fizer. Quando se faz este trabalho fica-se sem comer carne, inclusive de aves, durante 21 dias.

91 - PARA RESOLVER DIFICULDADES

Pega-se uma bisteca, abre-se como se fosse um livro, unta-se com azeite-de-dendê, salpica-se *ierosum* rezado de *Ogunda Meji* e oferece-se a Ogum. Pede-se o que se quer, fecha-se e coloca-se em cima de Ogum.

92 - PARA RESOLVER PROBLEMAS COM A AJUDA DE OGUM

Sacrifica-se um bode a Ogum. Assa-se uma perna e senta-se diante de Ogum com um prato e uma *cabaça*. Vai-se cortando a carne do pernil, comendo e colocando pedaços nos dois recipientes enquanto se conversa com o orixá, pedindo sua ajuda.

93 - PARA OBTER-SE UMA GRAÇA COM A AJUDA DE OXUM E DE IANSÃ

Sacrifica-se uma galinha para Oxum e outra para Iansã; tiram-se as penas e assa-se com tripas e tudo. Depois de assadas as aves, a pessoa se limpa com um pano estampado no qual embrulha as aves e despacha nas águas de um rio. Depois disto feito, tem que oferecer um pombo à cabeça e tomar banho com folhas de *malva*.

94 - TRABALHO PARA SEGURAR UM CASAMENTO

Prepara-se primeiro um pó com unhas e pelos pubianos do homem e da mulher; mistura-se a ele, pó de cabeça de cágado. Coloca-se o pó dentro de uma panelinha ou tigelinha com tampa, escrevem-se os nomes do casal sete vezes em uma folha de papel de embrulho, embrulha-se a tigela com o pó, coloca-se junto ao *igbá* de Xangô, reza-se *Ogunda Meji* e sacrifica-se um cágado sobre Xangô e a tigela. Deixa-se de um dia para o outro com 12 velas acesas e despacha-se em um rio de águas limpas.

95 - PARA NÃO FICAR IMPOTENTE

Para evitar a impotência sexual tem-se que fazer ebó com folhas recolhidas sobre um pano branco que se coloca em um pé de *álamo*. Somente as folhas que caírem com a face superior virada para cima são utilizadas, as outras são jogadas fora.

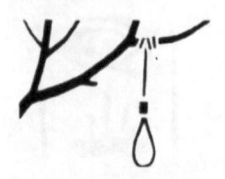

96 - PARA DERROTAR UM INIMIGO

Quando a pessoa quiser neutralizar um inimigo, recolhe um pouco de suas própria fezes, junta pó de preá, pó de peixe, milho vermelho e um papel com o nome e o endereço do inimigo, embrulha bem embrulhado e coloca na porta da pessoa que deseja derrotar. Tem-se que colocar franjas de *mariô* na porta da frente de casa e trancas reforçadas na porta dos fundos.

97 - PARA EVOLUÇÃO FINANCEIRA

A pessoa tem que oferecer quatro pombos pintados a Exu junto com Xangô para sua evolução financeira. Pega os quatro pombos e lava-os com *omieró* de folhas de *álamo*, de *lírio* e *mastruço*; fecha a casa toda e solta as aves em seu interior. Depois, pega os pombos, besunta-os com azeite-de-dendê e *efun* e só então oferece-os em sacrifício a Exu e Xangô. O sangue dos pombos não deve correr sobre Exu e sim no chão.

98 - DEFESA CONTRA INVEJA E OLHO GRANDE

A pessoa tem de colocar, em cima de seu Ogum, um espelho forrado com pano vermelho e branco. O espelho deve ficar virado para a frente do *igbá*.

99 - PARA DESMANCHAR FEITIÇO

A pessoa tem de levar seu Exu à praia e ali oferecer-lhe um galo, que depois de morto, será jogado no mar. Depois disto, toma banho de mar e leva um pouco de água para casa, para banhar-se de vez em quando.

100 - PARA MUDAR DE RESIDÊNCIA OU DE TRABALHO

A pessoa tem de tomar banhos de folhas de *álamo* recolhidas no chão. Só servem as que estiverem com a parte superior voltada para cima.

101 - PARA CURAR UMA ENFERMIDADE

Para ficar bom de uma enfermidade, a pessoa tem de colocar, diante de Ogum, uma quartinha com água de uma ferramenta ria e um ovo de galinha inteiro. Tomar sete banhos com esta água e despachar a quartinha com o ovo dentro nas águas de um rio.

102 - BANHO DE LIMPEZA

Tomam-se 7 banhos com *omieró* de *ewé isakó, peregum* e *maloja*.

103 - PARA FICAR RICO

Para obter riqueza, a pessoa oferece um peixe fresco a Obatalá com *ori*, *efun* e um ovo de pomba. No dia seguinte, antes do Sol nascer, leva a uma mata e entrega nos pés de uma árvore bem frondosa.

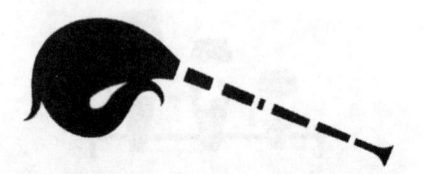

104 - TRABALHO PARA SE LIVRAR DOS INIMIGOS

Pegam-se três galos e deixa-se que briguem um pouco entre si; depois sacrificam-se os galos para Xangô, chamando o nome dos *arajés*. Recolhe-se uma das esporas, põe-se para secar e usa-se como amuleto de defesa contra os inimigos.

105 - LAMPARINA DE PROTEÇÃO

A pessoa tem de acender 16 lamparinas para Orumilá. Em cada uma delas será sacrificado um pombo branco, cuja cabeça ficará dentro do recipiente, com óleo de *amêndoas*. Na hora de acender as lamparinas, a pessoa deve fazer a seguinte saudação: "Kaxama ikoko, kaxama ikoko fitilá, kawo miná Orumilá, kaxama ikoko". Depois de acesas as 16 lamparinas, sacrificam-se duas galinhas pretas para Orumilá fazendo a seguinte saudação: "Kalemi ilemi Há wamisi kakan Ifá." As duas galinhas são despachadas nas águas de um rio.

106 - TRABALHO PARA RESOLVER PROBLEMAS DE DINHEIRO

Oferece-se uma penca de *bananas-maçã* verdes para Xangô e, quando estiverem maduras, leva-se para os pés de um *iroco*.

107 - TRABALHO DE LIMPEZA PESSOAL

Limpa-se a pessoa com um ramo de *alfavaca*, *cascaveleira* e folhas de *nijé*; passa-se um pinto em seu corpo e puxa-se para Exu (ver glossário). Depois de feito o ebó, dar um banho com *omieró* das mesmas ervas, dentro do qual se puxou um pombo branco. O trabalho é feito ao meio dia, e o banho é tomado à meia noite.

108 - PARA EVITAR A FORMAÇÃO DE FIBROMAS

A mulher pode sofrer a formação de um fibroma no seu útero. Para evitar que isto aconteça, deve tomar lavagens vaginais com raiz de *pau-de-resposta* (catuaba).

109 - SEGURANÇA PARA A SAÚDE

Dentro de uma carapaça de cágado coloca-se: terra de formigueiro, terra de uma prisão, terra de cemitério, terra da casa da pessoa, um pedaço de couro de um cabrito que tenha sido oferecido a Exu, pó de preá, pó de peixe, um punhado de milho vermelho, um pouco de azeite-de-dendê e um pedaço de *fumo* de rolo. Pergunta-se no jogo o que come e com que orixá.

110 - TRABALHO DE DEFESA CONTRA OS *ARAJÉS*

Escrevem-se os nomes dos *arajés* sete vezes em um papel e queima-se o mesmo. Recolhem-se as cinzas e mistura-se com um pouco de borra de café, cinzas de carvão e folhas de *artemísia*. Enrola-se tudo em um pano preto e amarra-se com linha preta. Coloca-se diante de Exu durante sete dias. Despacha-se em uma encruzilhada.

111 - PARA VENCER UMA GUERRA

Para vencer uma disputa, a pessoa tem de oferecer peixe assado para Exu e para Ogum. Depois, coloca em Ogum uma *cabaça* com água fresca.

112 - EBÓ PARA RESOLVER PROBLEMAS DE TODAS AS ORDENS

São precisos um pombo, uma *romã*, um *acaçá*, um galo, uma galinha, um galho de qualquer árvore, pó de preá, pó de peixe, um alfanje, dendê e moedas. Passa-se tudo na pessoa, sacrificam-se o galo e a galinha para Exu e o pombo para *Ilê*. Despacha-se embaixo de uma árvore bem grande.

113 - EBÓ PARA QUALQUER FINALIDADE

São necessários um galo, um cágado, dois pombos, duas bandeiras (sendo uma branca e outra amarela), terra da esquina da rua em que a pessoa mora, terra da porta da casa da pessoa, uma pedra de raio, uma roupa usada, aguardente, mel, milho vermelho, pó de peixe, pó de preá e muitas moedas. O galo é para Exu, o cágado para Xangô e os pombos para *Ilê*. A pedra de raio fica no *igbá* de Exu.

114 - EBÓ PARA *OSOGBO ARUN*

Pega-se um pedaço de tronco de *bananeira*, envolve-se em um pano preto e por cima, em um pano vermelho, sacrifica-se um galo; despacha-se em um cemitério.

115 - PÓ PARA DERROTAR OS INIMIGOS

São usados pós de osso de cachorro, de *folha-do-fogo*, de 17 sementes de *acácia*, de *gergelim* torrado, de penas e de cabeça de galinha d'angola e de 17 sementes de *pimenta-da-costa*. Misturam-se todos estes pós e deixa-se durante 17 dias nos pés de Ossâim, com uma vela acesa que deve ser renovada diariamente. Depois disto o pó está pronto e tem que ser soprado sobre o inimigo ou em sua casa.

116 - PARA MULHER FRIA

A mulher, para combater a frigidez, tem de lavar seus órgãos sexuais com *buchinha-do-norte*, folhas de ré e gema de ovo.

117 - PARA FORTALECER EXU

A pessoa tem de colocar em Exu um chapeuzinho de *mariô*, um machadinho de madeira e três cravos de linha de trem.

118 - PARA ESFRIAR UM *EJÓ*

Para esfriar um *ejó* pega-se uma panela de barro cheia de água, coloca-se dentro um papel com os nomes das pessoas envolvidas, acende-se uma brasa bem grande e apaga-se a mesma na água da panela.

119 - PARA LIVRAR-SE DE UMA DEMANDA

Sacrifica-se um pombo em um pé de *cana-brava* pedindo a Nanã Burucú e aos eguns que o livrem de qualquer tipo de demanda.

120 - EBÓ DE VITÓRIA

São precisos três frangas, três pombos, três máscaras (de qualquer tipo e material), um peixe fresco, um punhal de madeira, um punhal de aço, uma pedra, pano, pó de preá, pó de peixe e três alguidares. Em um alguidar coloca-se uma máscara e o punhal de madeira; no outro, o punhal de aço e outra máscara; no terceiro, a pedra e a terceira máscara. O peixe é limpo, assado e oferecido a Exu, temperado com pó de preá e de peixe, além de azeite-de-dendê, em uma travessa de barro. Sacrificam-se as três frangas, uma em cada alguidar. Apresentam-se os pombos a Exu e soltam-se com vida. Despacha-se o peixe na encruzilhada e as frangas, uma na praia, outra na mata e a terceira em um lugar bem alto.

4
IROSUN MEJI

121- PARA QUE NÃO SE MORRA PRECOCEMENTE

Pega-se uma vara do tamanho da pessoa, sacrificam-se dois pombos sobre ela, lava-se a vara com *omieró* das folhas do Odu e enterra-se junto com os pombos, tudo muito bem coberto com *efun* e mel de abelhas, no quintal da casa da pessoa.

122 - PARA OBTER OS FAVORES AMOROSOS DE UMA MULHER

Coloca-se um pilão com a boca virada para baixo. No fundo do pilão, sacrifica-se um galo para Xangô e outro para o próprio pilão. Depois, raspa-se o fundo do pilão e amarra-se o pó obtido dentro de um lenço branco. Este lenço, se passado de forma dissimulada no rosto de uma mulher, fará com que ela se entregue à pessoa.

123 - PARA AFASTAR *IKÚ*

São precisos um cabrito, um carneiro, moedas, dendê, mel, aguardente e vários tipos de cereais torrados. Pega-se uma *cabaça* pequena, fazem-se diversos furos em seu redor e introduzem-se, pelos furos, 17 insetos de diferentes espécies. Fecha-se a *cabaça*, amarra-se com fitas vermelhas e sacrificam-se os animais a Exu, deixando um pouco do sangue de cada bicho correr sobre a *cabaça*. Em seguida, enterra-se tudo no local determinado pelo jogo.

124 - TRABALHO PARA A PROSPERIDADE

Prepara-se uma pomada com *ori-da-costa*, pó de *efun* e azeite-de-dendê. Com as mãos untadas com a pomada, reza-se *Irosun Meji* e pede-se a proteção de Babá Olojubé. Em seguida, untam-se quatro *bananas-da-terra* verdes e se oferece a Xangô dentro de um alguidar ou prato de barro. Depois de seis dias, embrulha-se a oferenda em um pano vermelho e leva-se aos pés de uma *paineira*, arriando de frente para o poente (oeste).

Este mesmo trabalho pode ser feito para vencer uma demanda. Neste caso, a oferenda é arriada do lado do nascente (leste).

125 - TRABALHO PARA BOA SORTE

Pega-se uma *cabaça* e marca-se, em sua superfície, o signo Irosun Meji. Em seu interior, colocam-se 21 caroços de *dendê* limpos, *ori-da-costa*, um Sol, uma Lua e uma estrelinha de metal, além de quatro pedras. Fecha-se a *cabaça*, e sacrifica-se um galo sobre ela. Cobre-se com *mariô*.

Esta *cabaça* ficará, para sempre, diante do orixá da pessoa e come um galo uma vez por ano.

126 - PATUÁ DE SEGURANÇA PESSOAL

Pega-se um pedaço de vértebra de jacaré, enfia-se em um saquinho de pano branco, costura-se bem e usa-se sempre junto ao corpo.

127 - PARA TIRAR ALGUÉM DA INDIGÊNCIA

São precisos um galo, uma galinha, um saco, um bastão de madeira, um cofrinho, pó de preá e pó de peixe. O galo é sacrificado para egum e a galinha para Exu, depois de passada no corpo da pessoa. O cofre fica junto de Exu e colocam-se nele todas as suas moedas. O bastão permanece no quarto de Exu.

128 - TRABALHO PARA IMPOTÊNCIA

Tira-se a medida do pênis da pessoa com uma tira de fibra de majagua, cozinha-se com canela, *pau-de-resposta* e *pimenta-do-reino*. O chá obtido é bebido em cálices, diariamente, em jejum.

129 - EBÓ PARA DESPACHAR NEGATIVIDADE COM AUXÍLIO DE OXUM

São precisos um galo, duas galinhas carijós, um fio de contas da Oxum, cinco lenços amarelos, cinco bolas de *inhame* e uma *cabaça* grande. Sacrifica-se o galo no assentamento de Exu, passam-se as galinhas e o resto no corpo da pessoa, e sacrificam-se as galinhas na *cabaça* onde já foram colocados todos os ingredientes. Despacha-se no cemitério.

130 - PARA AFASTAR *IKÚ*

Se Irosun Meji marcar *osogbo Ikú* a pessoa deve procurar uma foto sua, tirada na companhia de alguém que já morreu. Separa a sua figura da figura do morto, queima o pedaço em que está o defunto e despacha as cinzas na porta de um cemitério.

131 - PARA PROBLEMAS DE SAÚDE

Pega-se um porrão grande de barro, veste-se o mesmo com uma roupa usada do doente e coloca-se atrás de sua porta até que fique bom. Isto serve para enganar *Ikú*.

132 - PARA OBTER UMA COISA IMPOSSÍVEL

São precisos um galo, dois pombos brancos, uma galinha, um boneco de madeira, um arco, uma flecha, uma coroa, uma lança de ferro, pano branco, pano preto, pano vermelho, vários tipos de cereais, um bastão de madeira, *efun*, *osun*, *uáji*, duas galinhas-d'angola, muitas moedas.

Sacrifica-se o galo para Exu, um pombo e duas galinhas-d'angola para *Aganju* e o outro pombo para Orixá Okô.

Com a galinha e os demais ingredientes faz-se ebó, dando sacudimento na pessoa. A galinha é sacrificada sobre os objetos que compõem o ebó. Despacha-se no lugar indicado pelo jogo.

133 - PARA RESTAURAR A MORAL DE ALGUÉM QUE ESTÁ SENDO DIFAMADO

Um galo, dois pombos, milho vermelho, *efun*, azeite-de-dendê, mel e aguardente.

O galo é sacrificado para Exu; os pombos são passados no corpo da pessoa e soltos com vida. O milho é colocado nas mãos do cliente que deverá sair e, fingido estar embriagado, espalhar os grãos pela rua onde mora até chegar à porta de sua casa.

134 - PARA UNIR E LIDERAR UM GRUPO QUALQUER (INDICADO PARA CANDIDATOS A CARGOS ELEITORAIS.)

São precisos um galo, um peixe bagre seco, *ewé nijé*, um pombo e dezesseis *oguidis*. O galo é sacrificado para Exu. O bagre seco é cortado ao meio; a parte da frente, é oferecida a Exu; a parte de trás é torrada, moída e transformada em pó que é entregue ao cliente para que, durante oito dias, sopre um pouco da porta de sua casa para a rua, pedindo a união de todos. Todos os dias, depois de soprar o pó, o cliente deverá pegar um pouco do mesmo, mergulhando nele o dedo médio de sua mão direita, esfregando-o sobre sua própria cabeça, descrevendo uma linha reta que vai da testa até a base posterior do crânio. Os *oguidis* são oferecidos a Xangô e o pombo é sacrificado em cima deles. Despacha-se tudo nos pés de uma *palmeira*.

135 - PARA LIVRAR A MULHER DA MÁ INFLUÊNCIA DE UM EGUM

Passam-se dois pombos brancos no corpo da mulher, dos seios até as partes genitais. Sacrificam-se os pombos sobre suas roupas (fora do corpo); embrulham-se as aves sacrificadas nas roupas e enterra-se tudo no cemitério.

Este ebó é indicado principalmente para mulheres que, influenciadas por Pomba-Gira, agem de forma contrária à sua própria moral.

136 - PARA OBTER-SE UMA GRAÇA COM O AUXÍLIO DE EUÁ

Frita-se um peixe pargo fresco com folhas de *golfão*, enfeita-se com rodelas de tomate e entrega-se a Euá dentro de um cemitério.

137 - PARA CONSAGRAR A FACA DE MATANÇA

Puxa-se um pombo sobre a faca (ver no glossário), deixando que o sangue corra sobre a lâmina. Enfeita-se a faca com penas das costas e do peito do pombo, embrulha-se com 16 folhas de *iroco* e deixa-se diante de Ogum durante 16 dias, depois dos quais, lava-se, passa-se *ori-da-costa* na lâmina e guarda-se no local de costume. As folhas e as penas são despachadas nas águas de um rio.

138 - PARA LIVRAR-SE DA INVEJA E DO OLHO GRANDE

A pessoa deve vestir uma roupa bem chamativa e ir a um lugar qualquer onde haja muita gente. Depois, deve regressar à sua casa, tirar a roupa usada e vestir-se inteiramente de branco. Este procedimento tem por finalidade chamar a atenção de Obatalá para que conceda proteção contra o olho grande.

139 - AMULETO DE SEGURANÇA DE IROSUN

Numa casa de marimbondos colocam-se folhas de *pikotó*, um pedaço para-mi, um pedaço de galho de *yamagua* e um pedaço de galho de *yaya*. Na segunda sexta-feira o amuleto deverá comer o que for determinado pelo jogo. Depois que comer, coloca-se nela um chifre de bode.

140 - EBÓ PARA FORTALECIMENTO

São usados um pombo, um coco, *ori-da-costa*, *efun*, dendê, uma folha de *alface d'água*, pó de peixe, pó de preá e milho.

Senta-se a pessoa em um banco e risca-se no solo, às suas costas, os signos de *Oyeku Meji*, *Irosobara* e *Oxetura*. Cobrem-se as marcas com pó de peixe, pó de preá, dendê e grãos de milho. Em seguida, puxa-se o pombo (ver glossário), deixando que o sangue escorra sobre as marcas feitas no solo. Pinga-se uma gotinha do sangue sobre a cabeça da pessoa. Tudo deve ser feito pelas costas da pessoa. Os demais ingredientes são utilizados na forma de praxe. O corpo do pombo é imediatamente despachado no local determinado pelo jogo. A folha e o coco ficam nos pés de Oxum, por cinco dias, e depois, são despachados em um rio.

141 - EBÓ PARA ASSEGURAR UMA CONQUISTA

São usados uma cabra, duas galinhas, duas frangas novas, *pimenta-malagueta*, preá, peixe fresco, pó de preá, pó de peixe, milho vermelho, mel, velas e moedas.

Sacrifica-se tudo a Exu, de acordo com o ritual de praxe. Pergunta-se onde será despachado. As carnes, com exceção dos axés, são comidas.

142 - SEGURANÇA

Coloca-se em uma panela de barro com tampa: três *ecodidés*, três raízes de *erva-tostão*, três folhas da mesma erva, três grãos de pimenta-da-costa, pó de *efun*, pó de *osun*, *uáji*, *obi*, *orogbo*, pó de ouro, pó de prata, cascas picadas de ovos de galinha e de pomba. Um animal deve ser sacrificado; pergunta-se qual é utilizando-se o jogo.

143 - PARA APAZIGUAR EXU

Este Odu manda agradar Exu com um coco, água e uma vela. Apresentar um pombo a Exu; oferecer à cabeça e soltar com vida.

144 - PARA VENCER DIFICULDADES

A pessoa dorme uma noite com um gorro vermelho na cabeça. No dia seguinte, tem que oferecer, a Ogum, sete tipos de bebidas diferentes.

145 - PÓ PARA VENCER DIFICULDADES

Sacrifica-se um galo a Exu, recolhem-se três penas da cauda da ave e deixa-se, por três dias, no assentamento. Depois, torram-se as penas e, com as cinzas, prepara-se um pó para ser usado sempre que surgirem dificuldades.

146 - EBÓ PARA TIRAR NEGATIVIDADES

Sacrifica-se um cabritinho novo para Exu e toma-se banho com folhas de *cróton*. Coloca-se uma taça de vinho doce para Orumilá e uma para Oxum. Abre-se um buraco na terra e coloca-se, em seu interior, uma *cabaça* com uma brasa acesa dentro. Coloca-se Exu atrás do buraco e limpa-se a pessoa com uma galinha, cantando:

"Eransi laiye.
Laiye egum
Eronsi laiye, laiye."

Depois disto, sacrifica-se a galinha dentro do buraco, sobre a *cabaça*, e cobre-se tudo com terra diante de Exu.

147 - PARA TER FELICIDADE NO CASAMENTO

Sacrificar uma cabra para Oxum junto com Orumilá. Isto assegura felicidade no seu casamento.

148 - PARA PROBLEMAS MATRIMONIAIS

Oferecer uma galinha carijó para Oxum e uma galinha preta para Orumilá. O sangue das duas aves corre em ambos os igbás e cobre-se cada *igbá* com as penas do bicho que lhe corresponde.

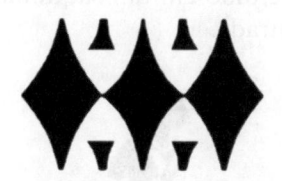

149 - PATUÁ DE SEGURANÇA

Coloca-se três favas de *bejerecum* em um saquinho e deixa-se o mesmo nos pés de um orixá qualquer. Sempre que a pessoa sair de casa leva o saquinho e, na volta, recoloca-o nos pés do orixá.

150 - SEGURANÇA PARA DENTRO DE CASA

Coloca-se em uma panela de barro com tampa, dentro da qual se marcou e rezou o signo de lrosun Meji, três penas *ecodidé*, três raízes de *erva-tostão*, pó de *efun*, pó de *osun*, *uáji*, limalha de ouro, limalha de prata, casca de ovo de galinha, casca de ovo de pomba e um coral. Pergunta-se, no jogo, o que come.

151 - PARA QUE UM CASAL DEIXE DE BRIGAR

Sacrifica-se um galo para Ogum junto com Oxum. Cozinham-se as carnes com *ewé yeye*, *tamarindo*, dendê, pimenta-da-costa e *gengibre* ralado. Arruma-se em um alguidar e arreia-se para os dois orixás, cujos *igbás* devem ficar juntos para receberem a oferenda.

152 - AMULETO DE DEFESA PARA SER PENDURADO ATRÁS DA PORTA

São precisos três ramos de *acácia*, três ramos de *erva-tostão*, três ramos de *louro*, três grãos de *pimenta-da-costa*, pó de preá, pó de peixe e *ierosum* rezado de Irosun. Coloca-se tudo em um saquinho de pano vermelho e pendura-se atrás da porta de entrada.

153 - PARA LIVRAR-SE DE UMA MALDIÇÃO

Para livrar-se da maldição, a pessoa tem de banhar-se em um rio com sabão-da-costa misturado com *ierosum* rezado de lrosun.

154 - AMULETO DE SEGURANÇA

São precisos um galo, um crânio de peru, um crânio de pombo, um crânio de cágado, 16 grãos de *pimenta-da-costa*, um pedaço de bofe bovino, um pedaço de fígado e um pedaço de coração. Coloca-se tudo em uma panela de barro com tampa, sacrifica-se o galo, coloca-se dentro da panela, tampa-se e enterra-se nos pés de um *iroco*.

155 - PARA AFASTAR EGUM

Pega-se um coco seco e pinta-se com *efun*. Pegam-se dois ramos de *malva* e, com um, se faz *saraieiê* em toda a casa, batendo as folhas com uma das mãos e rodando o coco na outra mão. Com o outro ramo de malva, prepara-se um banho para ser tomado depois da limpeza. Quando terminar a limpeza da casa, que é feita de dentro para fora, joga-se o ramo usado na rua, e atira-se o coco com força suficiente para que se quebre.

156 - PARA VENCER DIFICULDADES

Pega-se um pouco de leite de cabra e mistura-se com um pouco de mel. Esta mistura deverá ser passada, durante 16 dias, no rosto, como se fosse uma loção.

No décimo sexto dia, prepara-se um amaci com *erva-de-cobra*, *abre-caminho*, folhas de *algodão* e folhas de *açacu* e toma-se um banho.

Em seguida, defumam-se os quatro cantos da casa com canela em pó, açúcar e folhas secas de *louro*.

157 - PARA DEFENDER A CASA DE MAUS ESPÍRITOS

Pega-se uma vara do tamanho do dono da casa e uma pedra-de-fogo e colocam-se as duas como segurança, atrás da porta de entrada. Esta segurança come junto com Exu, sempre que ele comer.

158 - PARA APAZIGUAR QUALQUER ENTIDADE

Oferecer coco e água fresca à Terra e limpar-se com folhas de *erva-de-cobra* e de *mamona*; e depois tomar banho com *omieró* das mesmas ervas.

159 - PARA DERROTAR OS INIMIGOS

Pega-se uma brasa viva acesa e coloca-se na porta de casa às 12 horas do dia. Em seguida, despeja-se água fresca sobre a brasa com o auxílio de uma quartinha de barro e, neste momento, se diz: "Da mesma forma que a água apaga o fogo, que Kukuxé Iroso Kuxé vença meus inimigos".

160 - LAMPARINA PARA AFASTAR NEGATIVIDADE

São precisos azeite doce, azougue, azeite-de-dendê, 12 pavios de lamparina, uma pedra de raio, dois galos, pó de peixe, pó de preá e milho torrado. Às 12 horas do dia colocam-se os 12 pavios no azeite doce misturado com o azeite-de-dendê dentro de uma tigela. Acendem-se os pavios e, em seguida, colocam-se 12 gotas de azougue. Fica nos pés de Exu até que termine o azeite. O que sobrar no fundo da tigela é despachado em água corrente.

161 - PÓ PARA AFASTAR INIMIGOS

São precisos terra de formigueiro, sete pimentas-do-reino, pó de *osun* e uma casca de caramujo do mar. Coloca-se tudo dentro de um pilão e se pila até reduzir a pó bem fino. Deixa-se durante sete dias dentro do assentamento de Exu; depois do sétimo dia está pronto para ser soprado nos lugares que o inimigo freqüente ou diretamente sobre ele.

162 - LAMPARINA PARA UNIR DUAS PESSOAS

Dentro de uma panela de barro coloca-se: melado de cana, quatro moedas de cobre, pó de *osun*, quatro grãos de pimenta-do-reino, quatro grãos de milho torrado, pó de preá, pó de peixe, quatro colheres de azeite-de-dendê, quatro bolinhas de *ori-da-costa*, quatro colheres de açúcar mascava, quatro pedacinhos de coco seco, quatro pedaços de manteiga de cacau, quatro colheres de óleo de amêndoas, óleo de girassol e os nomes das pessoa que se quer unir escritos no mesmo pedaço de papel.

O óleo de girassol é colocado por cima de todos os demais ingredientes e em maior quantidade. Durante sete dias, acende-se um pavio de lamparina e, depois do sétimo dia, despacha-se na praia.

5
OXE MEJI

163 - PARA PROSPERAR NA VIDA

O homem tem de dar um colar e uma pulseira para sua mulher e comprar cinco perfumes diferentes. Os perfumes são deixados por cinco dias diante de Oxum e usados, alternadamente, somente nos lenços.

164 - PARA SEGURAR UMA GRAVIDEZ

Para segurar uma gravidez, a mulher tem que fazer três ebós. O primeiro, logo que descobrir a gravidez; o segundo, no terceiro mês e o terceiro, no nono mês. Nesses ebós, pintam-se as representações dos dezesseis meji no ventre, com *efun*. Apaga-se com aguardente e oferece-se um pombo ao ventre. Isto é feito para evitar que a criança nasça com algum tipo de anormalidade.

165 - PARA ENCONTRAR PAZ E TRANQÜILIDADE

Faz-se *bori* com um peixe pargo grande que depois é atirado ao mar com tudo o que foi utilizado na cerimônia.

166 - EBÓ PARA MELHORAR A VIDA E A SAÚDE

Pegam-se dois ramos de flores e leva-se a um cemitério. Arreia-se o primeiro em uma sepultura humilde e o segundo em uma sepultura rica. Depois, a pessoa volta à sepultura humilde e troca de roupas, deixando ali as roupas que trajava quando entrou no cemitério.

167 - PARA OBTER PROTEÇÃO DO ESPÍRITO DO PRÓPRIO PAI

Se o pai da pessoa já for defunto, sacrifica-se, para o egum, um galo branco aos pés de um *iroco*. Leva-se a ave sacrificada para casa, cozinha-se com arroz amarelo e leva-se novamente aos pés da árvore, entregando ali o sacrifício.

168 - EGUM QUE SE ASSENTA NESTE ODU

Neste Odu assenta-se um egum cujo nome é Baba Ore Ore. Fica dentro de uma panela de barro com um pedaço de osso, uma pedra e terra colhida em três cemitérios. Em um pedaço de pano preto marcam-se os signos de:

```
Oxeyeku - I I   I     e    Oyekuxe - I    I I
          II  I I                    I I  II
          II   I                     I    II
          II  I I                    I I  II
```

Em cima da panela coloca-se um boneco de cedro com braços e pernas articulados e vestido de azul. Cobre-se tudo com o pano. Come um galo e dois pombos pretos.

169 - PARA RECUPERAR A VIRILIDADE

São precisos um galo, dois pombos, uma quartinha com água de chuva, um alfanje e uma corda virgem do tamanho da pessoa. Passa-se tudo na pessoa, soltam-se os pombos com vida, sacrifica-se o galo para Exu e despacha-se o carrego embrulhado em papel pardo e amarrado com a corda. A quartinha com água é deixada ao lado do embrulho. Pergunta-se no jogo em que lugar se despacha.

170 - PARA DOENÇA

Em *osogbo arun*, neste Odu, sacrifica-se uma galinha-d'angola para egum, limpa-se, assa-se e coloca-se embaixo da cama do enfermo. Depois de três dias despacha-se no mato.

171 - PARA MELHORAR FINANCEIRAMENTE

Toma-se *bori* com peixe fresco de rio e oferece-se comida à Oxum nas águas de um rio. Sacrifica-se um galo para Exu e outro para Ogum.

172 - TRABALHO PARA A LOUCURA

Oferece-se um pombo branco à cabeça da pessoa e outro para Exu. Despacha-se no local determinado pelo jogo. O pombo oferecido a Exu é solto com vida.

173 - PARA SOLUCIONAR PROBLEMAS EM CASA

Para resolver todos os problemas e ter proteção, coloca-se um pedaço de galho de *afomam* enfeitado com um laço vermelho atrás da porta de casa.

174 - PARA TIRAR UMA MALDIÇÃO

Para tirar uma maldição fervem-se folhas de *afomam* junto com um punhal. Toma-se banho com esta água e enterra-se a erva junto com o punhal.

175 - PARA ESPANTAR *IKÚ*

Prepara-se um *xeré* de *cabaça* carregado com bico e unhas de galo, 16 favas de *bejerecum*, 16 sementes de *urtiga* e muito pó de *osun*. Sempre que alguém estiver ameaçado de morte, recolhe-se a pessoa e toca-se o *xeré* sobre sua cabeça, na hora em que for deitar, no meio da noite e de manhã ao despertar.

176 - PARA TER SORTE

A pessoa tem que levar o *igbá* de Oxum ao rio e ali dar comida a ela, para livrar-se de todo o mal e ter sorte na vida.

177 - PARA QUE NUNCA FALTE ALIMENTO EM CASA

Este Odu fala de um egum que morreu de fome e que fica parado na porta da casa da pessoa esperando que lhe dêem comida. Para que nunca lhe falte alimento, a pessoa tem que oferecer um peixe fresco enrolado em um pano estampado para este egum. Tem que fazer ebó com uma franga e nove fitas de diferentes cores. Depois do ebó, tudo deve ser enterrado.

178 - PARA OBTER O QUE DESEJA

A pessoa tem que ir a uma igreja levando uma lagartixa enrolada em um algodão, assistir à missa e, depois que sair, passar o algodão com a lagartixa no corpo e despachar na sepultura de um padre, pedindo tudo o que deseja obter na vida.

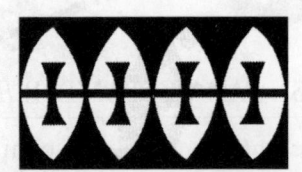

179 - PARA QUE EGUM GUARDE UMA CASA

Para que egum guarde uma casa sem jamais entrar nela coloca-se, atrás da porta, uma quartinha com água e pedacinhos de coco. De nove em nove dias despacha-se para a rua e substitui-se a água e o coco.

180 - PARA LIVRAR-SE DE PROBLEMAS

São precisos um galo, dois pombos brancos, roupa usada e suada, uma roupa limpa vermelha e branca, um cão pequeno, uma corrente, pó de preá, de peixe, azeite-de-dendê, mel e aguardente.

Depois dos sacrifícios das aves, pega-se o cachorrinho, coloca-se a corrente em seu pescoço e solta-se para que caminhe arrastando a corrente pelo chão, para que leve para longe os problemas que se está vivenciando.

181 - PARA QUE EXU RESOLVA PROBLEMAS

Oferece-se um galo a Exu; grelha-se e coloca-se diante dele com um *inhame* assado. Depois se reparte e despacha-se em sete matas.

182 - PARA RECUPERAR O QUE SE PERDEU

São precisos um galo, uma galinha d'angola, terra de uma praça, um coral, dois *obis*, duas velas e uma coroa feita com ramas de *inhame*. Oferece-se tudo a Exu. A coroa e o coral ficam junto com ele.

183 - PARA ACABAR COM BRIGAS DENTRO DE CASA

Faz-se ebó na casa com três *ofás* e três molhos de palha seca, que são queimados sobre os ofás e têm as cinzas sopradas para fora de casa. Os três ofás são presos atrás da porta de entrada.

184 - PARA QUE UMA DOENÇA POSSA SER DIAGNOSTICADA

A pessoa tem que beber água de coco verde, tomar banhos com leite de coco seco e fazer limpeza em casa, sempre usando coco, da seguinte forma: coloca-se um coco seco no chão nos fundos da casa e vai-se empurrando, com o pé, por toda a casa até a rua. Quando chegar na porta da rua, pega-se o coco e joga-se com força no chão, do lado de fora, para que se parta.

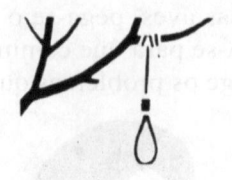

185 - EBÓ PARA DERROTAR OS ARAJÉS

Marca-se Oxe Meji no chão, atrás da porta de casa; cobre-se com pólvora, coloca-se em cima um pedaço de pau de cabo de enxada, acende-se a pólvora e quando o fogo subir, chama-se pelo nome do *arajé*. Em seguida, sacrifica-se um galo sobre o pau e as marcas deixadas pelo fogo. Despacha-se no local determinado pelo jogo.

186 - EBÓ PARA DINHEIRO

Colocam-se cinco ovos de galinha regados com mel para Oxum, enfeita-se com duas penas de *ecodidé* e despacha-se, depois de cinco dias, nas águas de um rio.

187 - PARA ADQUIRIR FORTUNA

São precisos um galo, cinco pombos, dez *obis*, mel, *ofun*, azeite-de-dendê e *ori*. Depois de feito o ebó pegam-se cinco *obis*, unta-se com mel e leva-se para o mato. Na mesma noite toma-se *bori* com os outros cinco *obis* e os pombos.

188 - SEGREDO DO ODU PARA SER FELIZ NO CASAMENTO

O homem, em uma noite qualquer, lavará os pés de sua mulher e, no dia seguinte, não permitirá que ela faça nada. Nesse dia agirá como se fosse seu criado.

189 - PARA NÃO SER ASSASSINADO

Para a pessoa ameaçada de morte não ser assassinada, faz-se ebó com um boneco, uma agulha, pó de *efun*, pó de carvão, um galo, um bode, *obi*, *orobô*, pó de peixe, pó de preá, azeite-de-dendê, mel e aguardente. O galo e o bode são oferecidos para Exu; a agulha é introduzida no boneco, que é levado a um cemitério e ali deixado.

190 - PARA NÃO SER VÍTIMA DE ROUBO

A pessoa, para não ser roubada, deve oferecer um galo ao espírito do poço. Depois disto, deve mandar celebrar uma missa em honra de todos os seus ancestrais falecidos.

191 - EBÓ PARA ABRIR OS CAMINHOS

São precisos cinco ovos de galinha, duas *cabaças*, uma galinha d'angola e mel. Sacrifica-se a galinha-d'angola; separa-se a cabeça do corpo, abre-se o bico, derrama-se mel no seu interior e fecha-se novamente. Os cinco ovos são cozidos, descascados, cortados ao meio e recobertos com mel. Coloca-se a cabeça da ave dentro de urna das cabaças, cobre-se com mel e arreia-se diante de Oxum ao lado da outra cabaça com os ovos cozidos dentro. Depois de cinco dias despacha-se nas águas de um rio .

192 - EBÓ EM OXETURA PARA *OSOGBO IKU*

São precisos um galo, pano branco, pano vermelho, pano preto, duas velas, *obi*, pimenta-da-costa, um bruxo de pano feito com roupas velhas da pessoa, dentro do qual colocam-se unhas e pelos do corpo da pessoa, uma franga, um alguidar com o signo de *Oxetura* riscado e folhas de *Ifá* (ver glossário). O boneco dorme durante três noites na cama com a pessoa. Depois, passa-se o boneco em seu corpo e coloca-se dentro do alguidar. Sacrifica-se o galo sobre as costas da pessoa de maneira que o sangue escorra e caia no boneco dentro do alguidar. Em seguida sacrifica-se a franga diretamente sobre o boneco, passam-se os demais componentes do ebó no corpo da pessoa e coloca-se dentro do alguidar. Despacha-se no lugar determinado pelo jogo.

193 - EBÓ PARA SE OBTER BOA SORTE

São precisos um galo, uma roupa velha e um alguidar. Rasga-se a roupa vestida no corpo da pessoa, colocam-se os trapos dentro o alguidar, sacrifica-se o galo em cima, arruma-se o bicho dentro do alguidar e despacha-se em um lugar de movimento.

194 - PARA EXU TRAZER RIQUEZA

A pessoa tem de mascar onze grãos de *pimenta-da-costa* com aguardente e soprar em cima de Exu. Antes disto, cobre Exu com *uáji* e depois oferece-lhe um galo para que vomite toda a fortuna que guarda em seu ventre. Depois, para agradá-lo, oferece-lhe uma *cabaça* com *acaçá* diluído em água.

195 - PARA DERROTAR OS INIMIGOS

Para vencer os inimigos, pega-se uma toalha limpa, molha-se com álcool e passa-se na cama. A pessoa tem que colocar um tapete ao lado de sua cama para que, quando acordar, não toque no chão com os pés descalços.

196 - BASTÃO DA SORTE

Neste Odu se prepara uma bengala de madeira de *tamarindo* com cabo de chifre de veado, carregada com: *bejerecum*, *obi*, *orobô*, marfim, pena de *ecodidé*, pelo de tigre e pó de cabeça de porco. Fica sempre ao lado do assentamento de Oxum.

197 - BANHO PARA A SORTE E A SAÚDE

Retira-se a polpa de um coco seco, rala-se sem a casquinha preta, envolve-se em um pano limpo e espreme-se bem para extrair o leite. Mistura-se o leite do coco a leite de vaca ou de cabra, e coloca-se em um balde com água da bica e pó de *efun*. Tomam-se três banhos no mesmo dia, um pela manhã, um à tarde e o outro à noite.

198 - PARA ATRAIR UMA PESSOA

Abre-se uma *cabaça* na parte de cima, limpa-se bem por dentro e coloca-se em seu interior: o nome da pessoa que se deseja atrair escrito a lápis em um papel branco, cinco agulhas de coser, cinco pimentas-malaguetas, pó de *osun*, pó de *efun*, cinco pedacinhos de madeira de *iroco*, um punhado de milho torrado, um pouquinho de água benta, mel de abelha, um pouquinho de aguardente de cana, uma colherinha de sal, o suco de um limão, uma colher de vinagre, pó de peixe, pó de preá e, se for possível, uma foto da pessoa desejada.

Depois de tudo arrumado, fecha-se a *cabaça*, amarram-se as duas partes com linha branca, coloca-se em um alguidar e arreia-se diante de Exu. Durante 21 dias, acende-se uma vela em cima da *cabaça* e, ao fim do 21º dia, despacha-se na beira de um rio.

199 - PARA A INFIDELIDADE

Abre-se um coco seco ao meio e coloca-se dentro dele o nome da pessoa infiel escrito em papel de embrulho usado. Por cima colocam-se três pimentas vermelhas de qualquer tipo, mel de abelhas, milho torrado, pó de peixe e pó de preá. Em seguida, fecha-se o coco e enrola-se nele linha branca e vermelha até que o coco fique completamente envolvido. Deixa-se diante de Exu durante 21 dias, pedindo a ele que separe o casal infiel. Se a pessoa não tiver Exu assentado, deixa atrás da porta principal de sua casa. Depois dos 21 dias, despacha-se em uma encruzilhada aberta.

6
OBARA MEJI

200 - EBÓ PARA AFASTAR O MAL

Coloca-se *iyefá* no *opon* e marca-se, no centro, *Ejiogbe*, no lado direito, *Obara Meji* e no lado esquerdo, *Obarabogbe*. Rezam-se os signos marcados e deixa-se no *opon*. Prepara-se um *acaçá* e desmancha-se na água; depois, mistura-se ao líquido o *ierofá* do *opon*. Salpica-se um pouco do líquido por toda a casa e depois espalha-se, por cima da água salpicada no chão, *amalá* de quiabo cru batido com água. Feito isto, joga-se para ver se está tudo bem, saca-se outro signo e varre-se o ebó para a rua.

201 - AXÉ DE SEGURANÇA EM OBARA MEJI

São usados um galo preto, uma pomba, um *igbin*, três pedras, uma quartinha com água de rio, terra de casa, tabatinga, seis peixes frescos pequenos, seis anzóis, pó de preá, pó de peixe, azeite-de-dendê, milho, mel e aguardente.

Prepara-se uma massa da seguinte forma: mistura-se à tabatinga um pouco da água de rio e os pós relacionados. Com a massa pronta, faz-se uma bola deixando um buraco no meio, como se fosse um pote. Dentro do buraco, colocam-se os anzóis, as pedras, os peixes e o milho. Sacrificam-se as aves deixando o sangue correr dentro do buraco. Colocam-se ali as cabeças das aves sacrificadas e cobre-se com mel, azeite-de-dendê e aguardente. Puxa-se o *igbin* (ver no glossário) e coloca-se, dentro do buraco, a carne e a casca. Fecha-se o buraco, marca-se Obara Meji na parte exterior e coloca-se a bola dentro de um alguidar. Enfeita-se com búzios e deixa-se secar à sombra. Esta segurança fica ao lado de Exu e, sempre que ele comer, recebe um pouco de sangue.

202 - EBÓ EM OBARA MEJI PARA OBTER-SE UMA GRAÇA DE EXU

São precisos seis folhas de *abiu roxo*, uma folha de louro, um pano preto, um galo, uma franga bem novinha, uma codorna, uma galinha-d'angola, um *ofá*, duas cabeças de peixes frescos, pó de preá, pó de peixe, azeite-de-dendê, terra de encruzilhada, terra de casa, *amalá*, um boneco de pano, um *sapoti*, uma língua de boi, folhas de *bredo*, aguardente e moedas.

Sacrificam-se o galo e a franga para egum, retiram-se as línguas das aves e enterra-se aos pés de uma árvore grande junto com o amalá, as cabeças de peixe e a língua de boi.

a galo e a codorna são sacrificados para Exu. Passa-se tudo no corpo do cliente, embrulha-se no pano preto, jogam-se por cima as terras e os demais ingredientes, faz-se uma trouxa e despacha-se em água corrente.

Com as folhas relacionadas prepara-se um *omieró* para o cliente banhar-se depois do ebó.

203 - PATUÁ PARA CONSEGUIR DINHEIRO

Secar as sementes de uma abóbora, torrar e fazer pó. Este pó é misturado a pó de preá e de peixe e a alguns grãos de milho. Coloca-se tudo em um saquinho que deve ser carregado sempre no bolso da pessoa.

204 - SIMPATIA PARA NÃO SER ESQUECIDO

Para não ser esquecido pelas mulheres, o homem deve lavar o pênis com aguardente misturada com canela em pó. Antes de fazer a simpatia tem de rezar *Obara Meji*.

205 - PARA PROTEÇÃO

Colocam-se três tigelinhas atrás da porta de casa: uma com água da bica, um pedaço de enxofre e um pouco de pólvora; a outra com água de poço e um pedaço de carvão e a terceira com água de chuva e salitre. Coloca-se, em Exu, uma sineta que deve ser constantemente lavada com água de coco.

206 - TRABALHO PARA SOLUCIONAR PROBLEMAS

Cozinhar uma língua de boi com quiabos picados e oferecer quente a Xangô. Pergunta-se onde será despachado depois de ficar seis dias diante do orixá.

207 - SIMPATIA PARA DEFESA DOS BENS

Pega-se um ovo goro, roda-se por três vezes em volta da cabeça e atira-se longe dizendo: " Assim como este ovo não produz pintos, ninguém poderá levar nada do que me pertence."

208 - EBÓ PARA DESPACHAR *ARAJÉ*

Pega-se uma *cabaça*, abre-se e coloca-se em seu interior: folhas de *abiu roxo*, *cansanção*, sete sementes de *pimenta-da-costa*, pó de preá, pó de peixe e enche-se, até o meio, com melado de cana. Arreia-se aos pés de Iemanjá, com duas velas acesas. Pergunta-se no jogo, quantos dias fica diante do orixá e onde se despacha.

209 - EBÓ PARA TROCA DE CABEÇA

São precisos um carneiro, um cabrito, álamo, cascaveleira, pano estampado, uma cabaça grande pintada de preto e vermelho, arroz cru, gergelim, uma bruxinha de pano (do sexo da pessoa para quem se faz o trabalho), uma vara do tamanho da pessoa, quiabo, terra de rua, varredura da casa da pessoa e pelos de gato.

Passa-se tudo na pessoa e arruma-se na cabaça; sacrifica-se o cabrito e o carneiro para Xangô, retiram-se as vísceras dos animais e coloca-se dentro da cabaça; fecha-se, embrulha-se com o pano estampado e despacha-se no local determinado pelo jogo.

210 - EBÓ PARA ATRAIR CLIENTES

Para atrair clientes pegam-se três pintos, passa-se nos búzios e sacrifica-se, um na esquina da direita, outro na esquina da esquerda e o terceiro para Exu dentro de casa. Despacha-se na rua.

211 - MEDICINA PARA CHAGAS

Macerar folhas de *ítamo real* e folhas de *sansan*; fazer emplastro com azeite de oliva. Lavar, depois, com folhas de *almecegueiro* cozidas em água da bica.

212 - PARA SALVAR UM DOENTE DESENGANADO

Faz-se *bori* com três pombos brancos. Puxam-se os pombos e rezam-se os 16 Odu-Meji. Um pombo vai para uma estrada, o outro para a mata e o terceiro, para o alto de um morro.

213 - PARA REATIVAR OU FORTALECER A MEMÓRIA

Prepara-se um *omieró* com folhas de *kekeriongo* e, em uma bacia, deixa-se no sereno por três noites seguidas, evitando que pegue sol pela manhã. No terceiro dia lava-se a cabeça com o omieró e não se enxuga.

214 - TRABALHO PARA RECUPERAR UM ENFERMO

Sacrifica-se um bode para Exu. Separa-se a cabeça e o couro, torra-se e faz-se um pó. Mistura-se este pó com *sempre-viva* picada e *ori-da-costa*. Com a pomada obtida, fricciona-se o corpo do doente.

215 - MEDICINA PARA MALES DO ESTÔMAGO

Prepara-se uma infusão de *orobô* ralado e *obi* ralado com água da bica e bebe-se meio copo, diariamente, em jejum.

216 - EBÓ PARA LIVRAR UMA PESSOA DA MORTE

São precisos um galo, um peixe fresco, um boneco de *cedro*, um pinto, uma pedra e um *ofá*.

Passa-se tudo no corpo do cliente, sacrifica-se o pinto para Exu e o galo para Ogum. O sangue do galo deve correr também sobre o boneco, a pedra e o ofá. Enterra-se tudo, tapa-se o buraco e coloca-se o peixe e o boneco por cima.

217 - PARA PROBLEMA DE IMPOTÊNCIA

A pessoa afetada deve ser levada a uma mata e sentar-se sobre um tronco de uma árvore caída. Coloca o pênis sobre o tronco e, em cima, corta-se um galo para Exu.

218 - PARA OBTER UMA GRAÇA

Quando chover, a pessoa deve sair e, levantando a cabeça, recolher água da chuva diretamente em sua boca. Depois, sopra a água para cima por três vezes, pedindo mentalmente o que deseja.

219 - PARA NÃO FRACASSAR EM UMA EMPREITADA

Oferecer coco e água fresca a Xangô e, depois de três dias, um galo a Exu.

220 - PARA TIRAR UMA MALDIÇÃO

Para limpar-se de maldições, a pessoa prepara um gorro branco e vermelho que deve comer um galo junto com Exu. Prepara um *omieró* com folhas de *flamboyant*, *cascaveleira* e mais seis outras, sendo que todas elas devem ser folhas de Xangô (vide glossário). O corpo do galo sacrificado é metido dentro do gorro com as ervas maceradas no omieró, pó de preá, pó de peixe, azeite-de-dendê, milho, mel e aguardente. Despacha-se em um pântano e depois a pessoa toma banho com o omieró.

221 - MEDICINA PARA O ESTÔMAGO

São precisos *mastruço*, baldo, açúcar-cândi, *hortelã-pimenta* e *mangue-vermelho*. Prepara-se um xarope com a infusão das folhas e o açúcar, que é tomado todos os dias após as refeições,

222 - PARA OBTER RESPEITABILIDADE

São precisos folhas de *diamela*, *osun*, pó de preá, pó de peixe, milho e lama.

Faz-se uma bola de lama com todos os ingredientes misturados e coloca-se dentro de um alguidar diante de Xangô, com duas velas acesas. Diariamente, durante seis dias, trocam-se as velas e pede-se o que se deseja obter.

No sexto dia, oferece-se coco e água fresca ao orixá e pergunta-se onde deve ser despachado o trabalho.

223 - TRABALHO PARA VENCER UMA DEMANDA

Para vencer uma demanda coloca-se no quintal, uma panela de barro cheia com água, com algumas moedas dentro. A água da panela deve ser trocada diariamente e, quando o problema estiver resolvido, despacha-se tudo na esquina mais próxima de casa.

224 - PARA ASSEGURAR BOA SORTE A UM RECÉM-NASCIDO

Lavar a criança com *amaci* de *erva-moura*, *afomam* e folhas de erva-de-são-domingos.

225 - PARA LIMPAR UMA CASA QUE FOI ALVO DE FEITIÇARIA

Passa-se um pombo em tudo e depois solta-se vivo no alto de um morro. Joga-se mel na porta de casa para refrescá-la.

226 - PARA VENCER UMA DEMANDA COM A AJUDA DE EGUM

Preparar um *omieró* com folhas de *álamo*, *erva-moura*, *cascaveleira* e pétalas de rosas brancas; colocar em uma panela de barro embaixo da cama. Todos os dias, ao levantar, molha-se o dedo médio da mão direita no amaci e se toca na frente, atrás, no lado direito e no lado esquerdo da cabeça enquanto se diz: "Que todos os eguns, de todas as partes do mundo, me ajudem a vencer (dizer o que)." Repetir a operação até que tudo esteja resolvido.

227 - TRABALHO PARA OBTER UM MATRIMÔNIO

São precisos dois galos, um peixe fresco, um caniço, um anzol, pó de preá, pó de peixe, azeite-de-dendê, mel e aguardente.

Sacrificam-se os galos para Exu; coloca-se o anzol na boca do peixe com um pedaço de folha de *pita* e se amarra na ponta de um caniço do tamanho da pessoa. Assa-se o pescado e o caniço e se reduz tudo a pó. Se a pessoa interessada for do sexo masculino, mistura-se o pó com talco de toucador para ser usado em todo o corpo; se for mulher, mistura-se ao pó facial para ser passado no rosto. Todos os demais ingredientes relacionados são oferecidos normalmente a Exu.

228 - PARA AFASTAR OLHO-GRANDE E INVEJA

Coloca-se, dentro de uma panela de barro com tampa, nove pedaços de preá defumado e nove *acarajés*. Coloca-se a panela em cima do telhado da casa da pessoa.

229 - PARA REFRESCAR A CASA

Se o clima da casa está muito quente, tem-se de lavá-la com *omieró* de folhas de *saião*, *bredo* e *iyefá* rezado deste Odu.

230 - PARA MELHORAR DE VIDA

Oferecem-se três galos ao caminho. Os galos têm que ser enfeitados com *mariô*. Mistura-se *ori*, quatro grãos de *pimenta-da-costa*, pó de casca de ovo de galinha e unta-se o corpo com a mistura. Leva-se milho cru e, quando chegar ao local onde os galos serão sacrificados, espalha-se o milho no chão.

231 - TRABALHO PARA MELHORAR DE VIDA

Sacrifica-se um galo para Xangô e uma galinha para Iemanjá. Antes do sacrifício colocam-se as aves na entrada da casa e saúda-se Exu e Xangô; coloca-se um pouco de *ierosum* e de mel em seus bicos e então se procede o sacrifício.

232 - PARA OBTER-SE UMA GRAÇA DE OGUM

Oferece-se um cabrito ou um *ajá* a Ogum, usando uma faca e uma frigideirinha de barro novos. Na hora do sacrifício recolhe-se um pouco do sangue do animal na frigideira e mistura-se a ele azeite-de-dendê, mel e azeite de *mamona* para se acender uma lamparina para Ogum sempre que se quiser agradá-lo ou obter alguma coisa dele.

233 - PARA DESFAZER FEITIÇO

Para livrar-se do feitiço que lhe fizeram, a pessoa tem de ser limpa com uma franga preta que deve ser solta com vida dentro do mato. Depois, tem que tomar banho de *omieró* de *pinhão roxo*.

234 - PÓ PARA DESENVOLVIMENTO FINANCEIRO

Oferece-se a Orumilá *melão-de-são-caetano* com suas frutas. Quando as frutas se abrirem, recolhem-se as sementes, faz-se pó com elas e as folhas, e se sopra na porta de casa para desenvolvimento financeiro.

235 - PARA RESOLVER PROBLEMAS DE QUALQUER NATUREZA

Para resolver qualquer problema, tem-se de pegar um melão, cortar em sete pedaços, oferecer a Ogum e tomar banho com a água que escorrer da fruta. A pessoa ainda tem que esfregar folhas de *saião* nas portas de casa.

236 - PARA OBTER-SE UMA GRAÇA POR INTERMÉDIO DE OLOCUM

Oferece-se a Olocum um jarro com rosas de várias cores e açucenas, e uma tigela com *amalá* e milho cozido. A tigela é enfeitada com fita azul-rei. A pessoa se limpa com um pato enfeitado com fitas azul-rei e azul celeste. Depois da limpeza, o pato é colocado, com vida, no mar.

237 - PARA VENCER UMA QUESTÃO COM A AJUDA DE OXUM

Este é o Odu da *vitória-régia*. Coloca-se esta folha fresca em Oxum, cantando:
" – Unbelere awo abebe Oxun."

238 - PARA LIVRAR-SE DE UMA DOENÇA

Em *osogbo arun* faz-se ebó com dois pombos brancos e duas colheres de pau. As colheres serão colocadas no *igbá* do orixá que se encarregar do problema.

Cobre-se o orixá com dezesseis folhas de *vitória-régia* e dezesseis folhas de *erva-de-são-domingos*.

239 - PARA DESPACHAR NEGATIVIDADE DE DENTRO DE CASA

A pessoa varre a casa levando o lixo até a esquina mais próxima; coloca Exu sobre a varredura, na esquina, e ali lhe oferece alguma coisa.

240 - PARA A MULHER QUE ESTÁ COM A PRAGA DE ABIKÚ

Para que a mulher se livre de gerar um filho Abikú, tem que fazer um ebó com um galo, dentro da mata. Sua cabeça e sua barriga são lavadas com as folhas ritualísticas de Abikú, que são: *cascaveleira, vassourinha, amendoeira,* folhas de *ija, mamona-roxa, pinhão-roxo* e *dobradinha-do-campo*. Também tem de usar na cintura um saquinho cheio com pós da mesmas folhas. Tem de oferecer também, um favo de mel para Xangô. O saquinho tem que ser preso a um cordão de panos vermelhos, pretos e brancos, trançados e amarrado à cintura. Esse cinto tem que ser lavado no *omieró* das mesmas folhas e receber o sangue do galo sacrificado.

241 - TRABALHO PARA DESMANCHAR UM MALEFÍCIO

São precisos *pimenta-do-rein*o em pó, pólvora, *pimenta-da-costa*, sal, um *igbin*, terra de cemitério (quando recolher a terra do cemitério, a pessoa tem de deixar umas moedas e acender uma vela sobre uma sepultura qualquer). Puxa-se o *igbin* (ver glossário), cobre-se com todos os ingredientes e leva-se à sepultura onde se acendeu a vela, pedindo ao egum que retire e leve o mal que foi feito contra a pessoa.

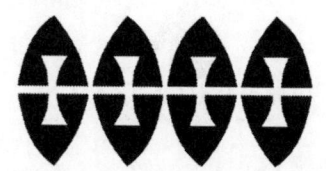

242 - EBÓ PARA RESOLVER QUALQUER DIFICULDADE

São precisos um galo, três pintos, dois pombos, um peixe fresco, um osso de canela de boi, pó de preá, pó de peixe, azeite-de-dendê, milho vermelho, um pedaço de carne bovina, *ori, efun*, um pouco de terra úmida, um pedaço de galho de árvore, um ovo de galinha, um pouco de quiabo cozido sem sal, moedas, *salsaparilha* e roupas brancas. Cozinha-se o osso de boi e retira-se o tutano. Sacrifica-se o galo para Exu e coloca-se sobre ele um pouco de tudo o que compõe o ebó, inclusive um pouco de tutano. Sacrificam-se os pombos para egum e se entrega também com um pouco de tutano e tudo o que está relacionado. Faz-se *saraieiê* com um pinto, o ovo e folhas de salsaparilha e puxa-se para a terra. Os outros dois pintos são sacrificados, um para Ogum e o outro em cima do ebó no local onde for despachado (pergunta-se no jogo).

243 - BANHO PARA OBTER PROSPERIDADE

São precisos seis folhas de *álamo*, seis de *iroco* e seis de *akoko*. Coloca-se a ferver em água de rio por 20 minutos. Deixa-se esfriar e retiram-se as folhas. Coloca-se nos pés de Xangô, deixando de um dia para o outro. Toma-se um banho, todas as quartas-feiras, durante seis semanas seguidas, de manhã bem cedo.

244 - PARA O DESENVOLVIMENTO ECONÔMICO

Colocam-se, em um prato branco, seis pedaços de coco com a parte branca voltada para cima. Sobre cada pedaço de coco coloca-se um pouquinho de mel, um pouquinho de dendê e um grão de *pimenta-da-costa*. Coloca-se atrás da porta principal da casa com uma vela de 12 horas acesa. Quando a vela acabar, despacha-se tudo, inclusive o prato, dentro do mato.

7
ODI MEJI

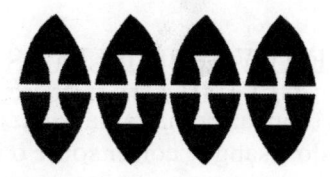

245 - PARA OBTER UMA GRAÇA DE UM EGUM

Alimentar o egum oferecendo-lhe, durante três dias consecutivos, bolinhos de farinha e uma vela acesa, ao lado de uma lixeira.

Durante esses três dias, não se joga fora o lixo de casa.

Depois do terceiro dia, passa-se no corpo um pato enfeitado com fitas de sete cores diferentes e solta-se com vida próximo do mar.

246 - AMULETO DE PROTEÇÃO

Prepara-se o amuleto com folhas de *ogungun efun*, um pedaço de galho de *figueira-brava*, três penas de pavão e sete pimentas diferentes. Coloca-se em uma jarrinha dentro de casa.

247 - LIMPEZA DE CASA

São precisos água de rio (colhida dentro de uma mata), água de chuva, duas folhas de *alface d'água* e uma flor de *lotus*. Sacrifica-se um galo, dois pombos e quatro galinhas-de-pescoço-pelado, deixando o sangue correr dentro do amaci. Neste amaci, lava-se uma estrela de prata que depois é guardada dentro de uma cestinha, como amuleto de proteção. Passa-se o líquido em toda a casa com um pano novo. Os bichos são despachados em uma rua de movimento.

248 - PARA RESOLVER PROBLEMAS CONJUGAIS

Passa-se uma galinha (com as pernas amarradas) no corpo da pessoa e sacrifica-se à Oxum, deixando o sangue correr sobre o igbá. Prepara-se um purê de inhame e feijão-fradinho cozido com diversos vegetais, como se fosse uma sopa, e oferece-se à Oxum, chamando por Kaladun Farí pela união do casal.

249 - PARA EVITAR UMA AÇÃO JUDICIAL

São usados dois preás, dois peixes pargo, dois pintos, dois *caramujos kobo*, pó de preá e de peixe defumados, dendê, milho torrado, aguardente, mel e moedas.

Os preás são para Exu; os peixes são um para Ogum e o outro para o Ori da pessoa. Os demais ingredientes são oferecidos a Exu junto com os preás.

250 - AMULETO PARA BOA SORTE

21 grãos de *pimenta-da-costa*, 21 pimentas vermelhas, tabaco picado, folhas de pimenteira picadas e um *leri egum*. Pega-se um pano branco, forra-se com folhas inteiras de pimenteira, colocam-se todos os ingredientes dentro do *leri egum*, embrulha-se com o pano e guarda-se em um lugar seguro fora de casa.

251 - EBÓ EM ODI MEJI PARA O BEM

Pêlos de *ratão-do-mato* e de preá, pó de folhas de *bayeku*, penas de asa de peru, 7 tipos de pimentas, milho cozido, pó de *cuaba-preta*, três frangos de tamanhos diferentes, pó de preá, pó de peixe, azeite-de-dendê e terra de casa.

Depois de feito o ebó, oferecem-se diversos tipos de cereais cozidos aos eguns.

252 - TRABALHO PARA SEGURANÇA DA CASA

Acende-se um carvão e colocam-se, sobre ele, folhas secas de Ossaim (vide glossário). Deixa-se que se queime tudo, recolhe-se a cinza e sopra-se nos quatro cantos da casa.

253 - LAMPARINA DAS SETE POTÊNCIAS AFRICANAS

Dentro de uma panela de barro, coloca-se: uma gema de ovo, azougue, óleo de linhaça, óleo de soja, vinho seco e água benta. Durante sete dias, acende-se uma mecha e pede-se às Sete Potências Africanas: "assim como o azougue não fica tranqüilo, que FULANO não encontre paz, enquanto não me conceder (pedir o que deseja)".

254 - TRABALHO PARA CONSEGUIR DINHEIRO

Oferecem-se a Obatalá, dois pratos brancos cheios de mel; deixa-se, por 16 dias diante do *igbá*, com duas velas permanentemente acesas.

255 - EBÓ PARA SUBIR NA VIDA

São usados um galo, dois pombos, uma escadinha, mel, dendê, aguardente, *efun*, *osun*, *pimenta-da-costa*. Oferece-se a Exu. Os pombos são soltos depois de passados no corpo.

256 - EBÓ PARA CONSEGUIR COMPRAR UMA CASA

São precisos um galo, uma galinha-d'angola, teias de aranha recolhidas dentro de casa, terra de casa, dendê, mel e cachaça. Passam-se os bichos no corpo da pessoa, sacrifica-se para Exu e despacha-se no mesmo dia, no local indicado pelo jogo. A terra e as teias de aranha são colocadas dentro do alguidar antes do sacrifício.

257 - PARA REFRESCAR A CABEÇA E ATIVAR A MEMÓRIA

Deixa-se, dentro de um recipiente com água, um pouco de folhas de *kekeriongo* recolhendo pela manhã logo que clareie o dia. Com a água, lava-se a cabeça para refrescá-la.

258 - PARA RESOLVER UM PROBLEMA DIFÍCIL

Tomar banhos com *verdolaga*, folhas de *bere*, folhas de bucha vegetal, um pedacinho de *ori-da-costa*, algumas gotas de azeite-de-amêndoas e uma gema de ovo de galinha, tudo bem misturado em água de poço.

259 - EBÓ PARA ASSEGURAR UMA COISA BOA

São precisos um galo, azeite-de-dendê, três preás, um pombo, duas penas de peru, contas de várias cores, sete ramos de árvores sagradas (apura-se quais são através do jogo), *ori-da-costa*, *efun*, peixe seco, *carqueja*, *bredo* e moedas em quantidade. Entrega-se a Exu no alto de uma escadaria bem comprida.

260 - EBÓ PARA TIRAR NEGATIVIDADE

São precisos um galo, uma pedra, terra recolhida de sete diferentes lugares (encruzilhada, mercado, praça pública, praia, estrada de movimento, casa e cemitério), ovos, velas, pó de preá e de peixe, azeite-de-dendê e milho. Passa-se tudo no corpo do cliente. Sacrifica-se o galo para Exu as quatro horas da manhã em um alguidar dentro do qual coloca-se a pedra e a terra; embrulha-se em papel pardo e despacha-se em uma lixeira.

261 - DEFUMADOR PARA QUE UM INIMIGO SE ESQUEÇA DA PESSOA

É feito com pó de osso de cabeça de galinha, *sacu-sacu* e incenso de Java.

262 - PARA PUNIR FILHOS DE SANTO DESOBEDIENTES

Para isto, faz-se ebó com um galo, aguardente e objetos de uso da pessoa que está em falta. O ebó e o galo são despachados na porta da pessoa e seus objetos são entregues a Ogum.

263 - PARA OBTER-SE ALGUMA COISA

Neste caminho, quando se deseja alguma coisa, sacrifica-se um pombo à terra e pede-se o desejado.

264 - TRABALHO PARA A SAÚDE E A SORTE

São usados um pombo branco, duas panelas de barro grandes, uma toalha branca e doze diferentes folhas: *álamo, irosun, erva-de-são-domingos, saião, abre-caminho, pára-raio, nijé, xaworô, malva, agbe, algodão e carqueja.*

Preparam-se 12 *omierós*, sendo um de cada folha. Todos os dias toma-se banho com o omieró de uma folha diferente e, depois de cada banho, enxuga-se o corpo com a toalha, pondo-a, em seguida, para secar sem ser lavada. Recolhem-se as folhas que sobrarem de cada banho e vai-se juntando em uma das panelas, misturando tudo. No décimo segundo dia, faz-se *saraieiê* com o pombo, sacrifica-se sobre as folhas que sobraram, já misturadas, e despacha-se no local determinado pelo jogo.

265- PARA IMPOTÊNCIA SEXUAL

Deve-se tomar banho de água com pó de *efun* e limpar a casa com *beldroega* e folhas de *agbe*.

266 - PARA CAMINHOS FECHADOS

São precisos um galo, água do mar, *flor-de-água*, *pata-de-galinha*, vários tipos de cereais, batata inglesa e diversos panos.

267 - PARA QUE A SORTE ENTRE EM CASA

São usados dois galos, água do mar, mel, contas de diversas cores, panos, dois pombos, água de lagoa, um tamborzinho, terra de casa, folhas de *saião* e de *maravilha*, *oripepe*, *picão* e moedas. Prepara-se um banho com as folhas, água de lagoa, água do mar e um pouco de mel. Sacrificam-se os galos para Exu sobre o *igbá* e o tamborzinho. Enfeita-se Exu com as contas coloridas. Embrulha-se o carrego nos panos que, antes, foram passados no corpo da pessoa. Despacha-se em uma encruzilhada próxima de casa. O tamborzinho fica para Exu.

268 - PARA ATRAIR PROSPERIDADE E RIQUEZA

São precisos um galo, uma galinha, um pombo, quatro pintos, uma gaiola, penas de gavião e moedas.
Sacrificam-se os bichos para Exu; colocam-se as penas e tudo o mais na gaiola e despacha-se no lugar determinado pelo jogo.

269 - PARA LIVRAR-SE DE PESSOAS QUE OBSTRUEM UM OBJETIVO

São precisos um galo, um alguidar, sete ovos de galinha caipira, um *obi* e dendê. Escrevem-se nos ovos as coisas e os nomes das pessoas que estão atrapalhando. Colocam-se os ovos dentro do alguidar; sacrifica-se o galo no *igbá* de Ogum, coloca-se no alguidar sobre os ovos e despacha-se em uma linha férrea, sobre os trilhos, para que o trem destrua tudo.

270 - PARA AFASTAR NEGATIVIDADE

A pessoa tem que tomar banho com *amaci* de *erva-cimarrona* e *colônia*. Depois, com o mesmo banho, lava-se a casa.

271 - PARA QUE TUDO CORRA BEM DURA TE UMA VIAGEM

Pegam-se dois cocos, pinta-se um de azul e o outro de branco. Deixam-se os cocos em casa durante sete dias com uma vela acesa, pedindo-se, todos os dias, aquilo que se deseja obter. No sétimo dia, entrega-se a Iemanjá e a Olocum, nas águas do mar.

272 - PARA TIRAR CARREGO DE EGUM

São precisos um galo, um osso de boi, um pombo, uma codorna, um trapo para secar o suor do corpo e um pedaço de carne bovina.

Passa-se tudo no corpo; sacrifica-se o galo e a codorna e solta-se o pombo com vida. Em seguida, limpa-se o corpo com o trapo, coloca-se tudo dentro de um alguidar com o pano por cima e despacha-se em um lugar onde algum bicho possa comer o ebó.

273 - PARA DESMANCHAR UM TRABALHO DE AMARRAÇÃO

Se a pessoa sofreu uma amarração, retira-se um pouco de sebo do eixo de uma carroça, ferve-se misturado com azeite-de-dendê, coloca-se em uma cabaça dentro da qual se põe um papel com os nomes das pessoas envolvidas e oferece-se a Exu, pedindo que desmanche a amarração.

274 - PARA DESMANCHAR FEITIÇO

São precisos três sementes de *pimenta-da-costa*, terra de dois morros diferentes, uma casa de marimbondo, sete pedras de sal grosso e *gergelim*. Coloca-se tudo dentro da casa de marimbondo, passa-se no corpo da pessoa enfeitiçada e despacha-se em água corrente.

275 - EBÓ PARA MELHORAR FINANCEIRAMENTE

São usados um galo, duas galinhas, uma *cabacinha*, *feijão-fradinho* torrado, *fumo* de rolo desfiado, uma escadinha em miniatura e dois lenços.

Passa-se tudo na pessoa diante de Exu, sacrifica-se sobre o *igbá* e despacha-se no local determinado pelo jogo. A escadinha permanece junto de Exu.

276 - EBÓ PARA AMARRAÇÃO

São precisos um galo, um cabrito, sebo de roda de carroça, corrente de prender cachorro (usada), corda de amarrar boi (usada), pelos de boi, pó de peixe e de preá, azeite-de-dendê, aguardente e mel. Tudo é oferecido para Exu e despachado em um mesmo alguidar.

277 - PARA LIVRAR-SE DA PERSEGUIÇÃO DE UM EGUM PERSISTENTE

A pessoa que sofre perseguição de um egum que foi seu inimigo em vida, tem que fazer um *eruqueré* confeccionado com pelos de rabo de cavalo. No cabo deste *eruqueré*, coloca-se pó de preá, pó de peixe, pó de *efun* e sete pedacinhos de *assafétida*. Todos os dias, depois do banho, a pessoa tem que bater o *eruqueré* em seu próprio corpo.

278 - EBÓ PARA SUPERAR DIFICULDADES

A pessoa tem que colher com suas próprias mãos, as folhas deste Odu. As folhas podem ser: *erva-tostão*, *hera*, *carvalho*, *musgo*, *cipreste*. Usar pelo menos três delas. Em seguida, deverá apresentá-las a Orumilá, e depois, guardá-las em sua bolsa. Leva as folhas ao local onde deseja resolver o problema, e ali, dissimuladamente, esmaga uma folha entre os dedos, deixando os pedaços caírem no chão. As folhas que sobrarem são maceradas na preparação de um banho que tem que ser tomado no mesmo dia.

279 - EBÓ PARA ATIVAR A MEMÓRIA

Coloca-se uma colher dentro de uma *cabaça* e enche-se com aguardente. Todos os dias a pessoa tem que tomar uma dose da aguardente da cabaça com a colher ali depositada. Depois do sétimo dia, oferece-se o que sobrar a Exu.

280 - PARA LIMPEZA DE CASA

Pega-se um coco seco, pinta-se todo por fora com *uáji*, coloca-se dentro de casa e vai-se chutando, com o pé esquerdo até a porta da rua. Já do lado de fora, pega-se o coco, leva-se a uma encruzilhada de quatro esquinas e ali joga-se no chão, com muita força, para que se quebre.

281 - PARA RECUPERAR UM ENFERMO

Pega-se um coco seco, unta-se com *ori-da-costa*, pinta-se com *efun* e coloca-se em um prato branco diante de Exu. Durante sete dias, acende-se uma vela sempre à mesma hora, pedindo a Exu pela recuperação da pessoa doente. Depois do sétimo dia despacha-se na porta de um cemitério.

8

EJIONILE

282 - PARA REFRESCAR A CABEÇA

Refrescar a cabeça com água, na qual se maceram as pétalas de uma rosa branca grande, com uma pitadinha de *efun* e água de coco seco.

283 - PARA VENCER DIFICULDADES

Acender uma lamparina a Obatalá em uma tigela branca com um ovo de pombo, azeite de amêndoa e *ori-da-costa*. Dentro da tigela coloca-se um papel onde se relacionam por escrito, todas as dificuldades das quais a pessoa deseja se livrar.

284 - PARA EVITAR PROBLEMAS DE TODAS AS ORDENS

Pintar um coco com *efun* misturado com aguardente e, durante dezesseis dias, apresentá-la ao céu ao despertar e antes de dormir. No fim dos dezesseis dias, despacha-se no alto de um morro, na hora em que o Sol se põe. Apresenta-se a Olofin e à sua cabeça, implorando para que não surjam problemas, destruição, perdas e lágrimas.

285 - PARA QUE NÃO OCORRA UMA MORTE

Quando este Odu se apresenta em *Osogbo Ikú*, faz-se ebó com pombo branco coberto com pó de *romã* torrada e pó de carvão.

286 - PARA ABRIR CAMINHOS

São precisos uma galinha (sacrificada diretamente sobre Exu), uma *cabaça*, pó de preá, pó de peixe, azeite-de-dendê, milho e três peixes frescos. Depois de sacrificada, a galinha é colocada inteira dentro da cabaça com os três peixes e o milho; tudo é temperado com os demais ingredientes. Despacha-se imediatamente em um caminho e retorna-se à casa de culto, onde toma-se um banho de ervas frescas e descansa-se um pouco.

287 - PARA ABRIR CAMINHOS

São usados um pinto, uma moringa com água, uma *cabaça* e uma abóbora. Proceder da mesma forma que no ebó anterior.

288 - PARA ABRIR CAMINHOS

São precisos um bode, uma galinha, uma frigideira de barro, uma *cabaça* grande, oito pombos e oito palmos de pano branco. Sacrificam-se o bode e a galinha para Exu, leva-se ao local determinado pelo jogo e ali, passam-se os pombos na pessoa e solta-se com vida. Retiram-se as vísceras do bode e da galinha e coloca-se dentro da *cabaça*; embrulha-se no pano branco e coloca-se sobre a frigideira de barro. Depois, vai-se para casa e fica-se sem sair durante 24 horas a partir da realização do ebó.

289 - PARA FAZER UMA BOA VIAGEM

São precisos dois galos, duas galinhas, terra de cemitério, de uma encruzilhada de três caminhos, de floresta, de montanha e do fundo do rio; pó de preá, pó de peixe, azeite-de-dendê, banha de *ori-da-costa*, *efun*, milho e muitas moedas. Coloca-se um pouco de cada coisa dentro de dois alguidares grandes. Sacrificam-se as aves, colocando um casal em cada alguidar. Cobre-se com efun, pó de preá e pó de peixe. Despacha-se um de cada lado de uma rodovia.

290 - PARA OBTER-SE UMA PROMOÇÃO

Faz-se um monte de algodão dentro do qual se coloca um papel com os nomes de todas as pessoas que tenham influência e poder de decisão sobre a questão. Derrama-se, sobre o algodão, mel, *ori-da-costa* e pó de *efun*. Untam-se duas velas com *ori-da-costa* e passa-se em açúcar branco. Acendem-se as velas e deixa-se ao lado do monte de algodão; as velas devem ser substituídas diariamente e o trabalho deve ser feito numa quinta-feira.

No dia em que for decidida a questão, a pessoa interessada deve, antes de sair de casa, passar sobre a cabeça e no rosto, um pouco de pó de folhas de *dormideira*, misturado com cinzas de penas de pombos brancos e efun.

Uma vez obtida a promoção, oferece-se um *adimu* a Obatalá.

291 - PARA PROBLEMA DE IMPOTÊNCIA

Pegam-se dois pregos de cumeeira e lava-se com *omieró* de folhas de *agrião*, separando-se algumas folhas para serem comidas em salada. Faz-se *saraieiê* na pessoa com os pregos e coloca-se, um em Orumilá e o outro, em Ogum.

292 - PARA EVITAR PROBLEMAS COM FILHOS-DE-SANTO OU COM CLIENTES

Pega-se um galo branco, passa-se no próprio corpo e sacrifica-se para Exu, tendo-se antes colocado junto um búzio, que deverá receber o sangue dentro do *igbá*. Depois dito, abre-se o peito do galo e introduz-se ali o búzio e um papel com o nome da pessoa com a qual tenham surgido problemas. Do outro lado do papel, marca-se Ejiogbe. Deixa-se o sacrifício diante de Exu e, à noite, leva-se e enterra-se na beira da praia. Depois de enterrado, diz-se: "Quando este galo conseguir sair sozinho da sepultura, somente então, terminará a amizade entre fulano e eu."

293 - PARA DERROTAR OS *ARAJÉS*

Pinta-se um alguidar de preto e marca-se, em seu interior, o símbolo de *Ejiogbe*. Coloca-se em cima uma *cabaça* com sete qualidades de bebidas dentro. Em redor da cabaça, colocam-se 16 pedaços de coco e sobre cada pedaço, um grão de pimenta-da-costa. Em seguida, sacrificam-se duas galinhas a Orumilá (uma preta e uma branca). Primeiro sacrifica-se a galinha branca sobre o de Orumilá; a preta é sacrificada em seguida, e seu sangue é derramado sobre a *cabaça* e o alguidar. Acendem-se duas velas sobre o alguidar, que deverá permanecer 16 dias diante de Orumilá. No final do prazo determinado, retira-se tudo e despacha-se em uma encruzilhada próxima. O alguidar e a *cabaça* retornam à casa, são lavados e reaproveitados sempre que se precisar repetir o trabalho. As galinhas são comidas pelas pessoas de casa.

294 – PARA VENCER OS *ARAJÉS*

Pegam-se três *cabaças* de tamanho médio para pequeno. Abrem-se as três pelo pescoço. Coloca-se osun na primeira, *efun* na segunda e pó de carvão na terceira. Colocam-se as três cabaças sobre o *opon* e reza-se *Ejiogbe*.

Coloca-se um pouco de *ierosum* dentro de cada uma delas. Fecham-se as cabaças com suas respectivas tampas, que devem ser amarradas com fios nas cores correspondentes. Retiram-se as cabaças do opon e sacrificam-se, sobre elas, três galinhas: uma vermelha para a cabaça com osun, uma branca para a cabaça com *efun* e uma preta para a cabaça com carvão. Depois, colocam-se as cabaças junto a Exu, onde deverão permanecer para sempre.

295 - PARA PROBLEMAS DE SAÚDE

Dar bori na pessoa com uma galinha branca e outra carijó.

Se for filho de Xangô, substituem-se as galinhas por duas codornas, que serão puxadas (vide o glossário) sobre o *ori*, sendo que o sangue deverá correr direto do *ori* para o assentamento de Xangô.

296 - PARA QUE EXU TRABALHE

Pega-se uma *cabaça* dentro da qual se coloca água, oito quiabos picados em pedaços bem pequeninos e *ierosum*. Mexe-se com a ponta do *irofá*, enquanto se reza *Ejiogbe*. Derrama-se o conteúdo sobre Exu, para que desperte e trabalhe.

297 - PARA DESPACHAR *AJÉ*

Sacrifica-se um galo para Ogum, e oferece-se também carne bovina com orobô.

Prepara-se um pó com *efun* e mistura-se a ele um pouco de *ierosum* do ebó, com pó de folhas e de sementes de *maravilha*. Sopra-se um pouco deste pó, três vezes por dia, à direita e à esquerda da porta da rua, para despachar as Ajés.

298 - PARA PROSPERIDADE

Sacrificam-se duas galinhas brancas para egum, urna franga para Exu e dois pombos brancos para o *ori* da pessoa, com *ori-da-costa* e *efun*.
Tomam-se seis banhos de *alfavaca*, pétalas de acácia e de *sempre-viva*. Lava-se a casa com o mesmo *amaci*.

299 - PARA REATIVAR O DESEJO SEXUAL DE UM HOMEM

Prepara-se uma mistura de vaselina com cânfora, pó de madeira de *malmequer*, de *esporinha* e de *caguangaco*. Mistura-se bem e dá-se à pessoa para que todos os dias, unte a glande.

300 - EBÓS PARA MELHORIA GERAL (FAZER OS TRÊS NO MESMO DIA)

I - Às seis da manhã: Passar uma franga no corpo, e tomar banho de amaci, feito com as seguintes folhas: *cerejeira, amapola, choupo, romã, aroeira* e *alfavaca*. Despachar as roupas em um rio.

II - Às 12 h.: São usados uma franga preta, um pano preto, aguardente e duas velas. Marca-se *Ejiogbe* no *opon*, sacrifica-se a franga, embrulha-se no pano preto com o *ierosum* do opon e deixa-se aos pés de Exu. Banhar-se com *omieró* de *artemísia, quebra-pedra* e *paraíso*.

III - Às 19 h.: Usar uma franga branca, eran malú e nove pedaços de panos de cores diversas. Corta-se a carne em nove pedacinhos e faz-se uma trouxinha com os pedacinhos de pano de diferentes cores. As trouxinhas são amarradas na pata esquerda da franga que, em seguida, é oferecida a Exu. Despacha-se tudo no local determinado pelo jogo. Banho de *omieró* de *alfavaca, romã* e *alfavaca-preta*. Usar roupa branca e resguardo por 24 horas.

301 - PARA LIMPEZA E ABERTURA DE CAMINHOS

Banhar-se com *lírio branco* e perfume, às doze horas do dia.

302 - PARA TIRAR NEGATIVIDADE

Pega-se uma *cabaça* grande, abre-se pelo meio no sentido horizontal e coloca-se dentro um papel onde escreveram-se todas as dificuldades por que se está passando. Coloca-se, por cima do papel, uma tigelinha de barro com um *acaçá* e se arreia ao pés de Exu. Depois de um tempo, coloca-se um pouco de pó de *efun* por cima, fecha-se a cabaça e despacha-se no cemitério. Deve-se usar roupa branca na hora de despachar o trabalho.

303 - PARA SAIR DE DIFICULDADES FINANCEIRAS

Sacrificam-se quatro pombos dentro de uma tigela e coloca-se aguardente dentro dela.

Separam-se duas cabeças em uma tigela e se coloca em Exu. Oferecem-se as outras duas, em outra tigela, a Orumilá, pedindo o que se deseja obter.

304 - PARA GARANTIR QUALQUER TIPO DE *IRE*

Dá-se ao *ori*, um pombo branco e uma galinha branca.

O pombo é para a sorte que fica na frente e a galinha é para a morte que fica para trás. Faz-se *saraieiê* com os bichos antes de sacrificá-los sobre o *ori* do cliente e, depois do sacrifício, dá-se *bori* na pessoa.

305 - PARA CONTROLAR PESSOA CURIOSA E ABELHUDA

Este ebó não é para tirar estes defeitos da pessoa, pois sua ascensão na vida depende deles.

São precisos um frango, um saco, um alfanje e uma *cabacinha* cheia de lodo do fundo de um lago. Passa-se tudo na pessoa, sacrifica-se a Exu, enfia-se tudo no saco e despacha-se no local determinado pelo jogo.

306 - SEGURANÇA DESTE ODU

Pega-se o ventre e a cabeça de uma formiga bem grande, a placenta de uma criança do sexo masculino, terra recolhida dos lados leste e oeste de um formigueiro, *cuaba*, três pimentas-da-costas, obi, poeira recolhida de um remoinho provocado pelo vento, raiz de *esporinha* e raspa de chifre de boi.

Coloca-se tudo dentro de uma panela de barro, cobre-se com tabatinga e enfeita-se com contas de diversas cores. Sacrifica-se em cima uma codorna e uma galinha d'angola, e sopra-se vinho seco.

307 - PARA EVITAR QUE ALGUÉM SEJA PRESO POR DEFLORAR UMA DONZELA

Para que isto não aconteça, faz-se ebó com um galo, duas galinhas, oito favas de *aberé* e dois cordões do tamanho de seu pé esquerdo. Tira-se a medida do pé do rapaz e dão-se sete nós em cada cordão. Um cordão vai integrar o ebó; o outro deve permanecer embaixo de seu travesseiro.

308 - PARA MELHORAR DE VIDA

São usados folhas de *bredo-branco*, *alecrim*, ewé *olubo*, *botão-de-ouro* e *hera*, três pombos brancos, duas galinhas, quatro velas, *obi*, *efun*, mel, aguardente, um bastão de madeira, um pedaço de sabão branco, um pedaço de sabão amarelo, uma *cabacinha*, um lençol, *bucha vegetal*, uma muda de roupa velha e uma muda de roupa nova totalmente branca.

São necessárias duas pessoas para fazer este amaci; um dos pombos é reservado para que se limpem, quando terminar o trabalho.

Maceram-se as folhas e procede-se como na confecção de qualquer amaci, acrescentando todos os componentes. Depois de pronto, rasga-se a roupa velha no corpo da pessoa, dá-se-lhe o banho de amaci e coloca-se a roupa branca.

309 - SEGURANÇA

São precisos limalha de vários tipos de metais, milho, duas lacraias, cabeça e ventre de uma formiga grande, casca de ovo de galinha; pó de casca de ovo de pomba, de penas de galinha e de pombo, 21 formigas, terra de formigueiro, 21 *pimentas-da-costa*, raspa de chifre de boi, raiz de *sacu-sacu*, raiz de *paineira*, raiz de *palmeira imperial*, *cardo-santo*, erva-de-são-domingos, folha de *pata-de-galinha*, *erva-tostão*, terra de sepultura, 7 talos de plantas diferentes (perguntados no jogo) e uma cabeça de preá. Coloca-se tudo dentro de um porrãozinho de barro, completa-se com tabatinga e enrolam-se contas de cores diversas ao redor.

310 - PARA PROBLEMAS DE TRABALHO

Em uma encruzilhada de rua, coloca-se no chão pó de peixe defumado, pó de preá, milho, azeite-de-dendê, aguardente, água e caramelos. Sacrifica-se um pinto em cima de tudo e deixa-se junto a sua cabeça. O corpo do pinto é amarrado pela pata esquerda, com um fio longo, de forma que, ao voltar para casa, possa ser arrastado pelo chão até diante de Exu, onde é deixado. Dá-se coco a Exu e pergunta-se (com o coco) o destino que será dado ao corpo do pinto, e se deverá ser levado inteiro ou cortado em pedaços.

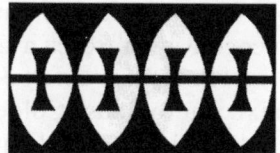

311 - PARA QUE UM HOMEM VOLTE À COMPANHIA DE UMA MULHER

Passa-se uma moeda de prata nos olhos da mulher; lava-se seu rosto com *omieró* de folhas de *flamboyant*, um pouco de mel e pó de *efun*. Despacha-se, jogando a moeda nas águas de um rio.

Este trabalho trará o homem de volta, somente se for para o bem da mulher; caso contrário, ela encontrará um outro, que a fará muito mais feliz.

312 - PARA TIRAR FEITIÇO DE DENTRO DE CASA

Atrás da porta da rua (pelo lado de dentro) desenha-se com efun, por três vezes, da direita para a esquerda, o signo de Ejiogbe; sobre cada desenho faz-se uma cruz. Coloca-se, no meio de cada cruz, uma quartinha com água que deve ser esvaziada, uma por dia. A água é jogada na rua.

No terceiro dia, depois de despachada a água da última quartinha, coloca-se, sobre cada marca do signo, um pouco de pó de preá e de peixe, um pouco de azeite-de-dendê e um punhado de milho. Passa-se um pombo branco nas pessoas da casa e no oficiante e puxa-se, deixando o sangue correr sobre os signos marcados atrás da porta.

Com o *ejé*, faz-se uma cruz na parte de dentro da porta; passa-se, em cima, um pouco de mel e cobre-se com penas do pombo sacrificado, deixando assim durante mais três dias.

No terceiro dia, limpa-se tudo, lava-se com água e despacha-se nas águas de um rio.

313 - PARA ALIVIAR QUALQUER TIPO DE SITUAÇÃO DESAGRADÁVEL

Coloca-se, atrás da porta fechada, o assentamento de Oxóssi. Ao seu lado, arreia-se um prato com uma vela acesa no meio. Marca-se Ejiogbe no chão, reza-se o Odu e dá-se coco e água fresca a Oxóssi, em cima do signo.

Sacrifica-se um pombo sobre o *igbá*, e abre-se com uma faquinha o corpo do pombo do peito para baixo, até o ânus. Coloca-se o corpo aberto sobre Oxóssi e pergunta-se para onde será levado e de que forma será despachado.

314 - PARA REFRESCAR A CABEÇA

Picar duas folhas de *fruta-pão*, ralar um *obi* e misturar tudo com a clara de um ovo. Fazer um bolinho com a massa obtida e oferecer à cabeça em forma de *bori*.

Preparar um *amaci* com folhas de *fruta-pão* e clara de ovo para banhar-se.

315 - PARA PROGREDIR NOS NEGÓCIOS

Fazer um ebó com uma franga, antes de sair para o negócio e, ao regressar, dar um galo a Exu, uma galinha branca à sua cabeça e um cabrito para Ossaim.

316 - PARA TRANQÜILIDADE NA VIDA

São precisos um frango, dois bonecos de pano (crianças), um *afá* de ferro pequeno, uma ratoeira, lixo de casa, lixo do local de trabalho, pão, uma *fruta-pão* e vários tipos de frutas diferentes.

Colocam-se as varreduras de casa e do trabalho dentro dos dois bonecos; coloca-se a ratoeira e o ofá diante de Exu, com os bonecos ao lado; arrumam-se as frutas em um alguidar, com a fruta-pão no centro, e sacrifica-se o frango dando o sangue em cima de Exu, da ratoeira e do ofá.

Os bonecos, o ofá e a ratoeira permanecem em Exu para sempre. O resto é despachado em um rio de águas limpas.

317 - EBÓ PARA ASSEGURAR UMA PREVISÃO BOA

São usados dois cágados, dois galos, duas frangas, duas galinhas brancas que já tenham posto ovos, dois *igbins*, um preá, um peixe fresco e muitas moedas.

318 - PARA VENCER UMA GUERRA COM AUXÍLIO DE XANGÔ

Colocar o assentamento de Xangô no pátio da casa, dar-lhe um frango vermelho e, durante seis dias, soprar aguardente e tocar *xeré* sobre o *igbá*.

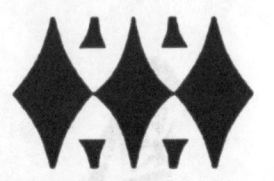

319 - PARA DESCOBRIR INIMIGOS OCULTOS E DOENÇAS NÃO DIAGNOSTICADAS

Para resolver os dois problemas acima, a pessoa tem que dar peixe fresco a Xangô nos pés de uma *paineira*.

320 - PARA DESPACHAR EGUM

São usados milho, diversos tipos de feijão, uma galinha, roupa velha e moedas.

Passam-se os grãos e a galinha no corpo da pessoa e sacrifica-se a Exu. Rasgam-se as roupas no corpo da pessoa, coloca-se tudo em um alguidar grande e despacha-se no cemitério com nove velas acesas.

321 - PARA DOENÇAS DO PÂNCREAS

Para evitar enfermidades neste órgão, a pessoa deve tomar banhos com pó de osso de coelho, misturado com *efun* e soprar a mistura dentro de sua casa.

322 - PARA QUE A PESSOA QUE PRATICOU UMA AGRESSÃO NÃO VENHA A SER PRESA

São precisos um galo, uma faca, uma roupa velha, terra de poço, *obi*, velas e moedas. Arruma-se tudo dentro de um alguidar, sacrifica-se o galo em cima com a faca nova e arruma-se o corpo por cima de tudo. Deixa-se de um dia para o outro diante de Exu e despacha-se em uma rodovia.

323 - PARA A MULHER PEGAR FILHO

Untar a barriga com a mistura de *ori-da-costa*, pó de *pimenta-da-costa* e folhas de *saião*.

324 - PARA UM CASAL GERAR FILHOS

É preciso um caramujo do mar grande; retirar dele o molusco e colocá-lo sobre o pênis do homem. A casca do caramujo é colocada sobre o órgão sexual da mulher.

O casal deve abster-se de sexo durante dezesseis dias, findos os quais, deverão unir-se em ato sexual; desta união será gerado um filho varão.

325 - EBÓ PARA MELHORAR DE SITUAÇÃO

São precisos um galo, penas de diferentes aves, um tambor grande, três galinhas d'angola, contas de diversas cores, *ierosum*, pó de preá, pó de peixe defumado, milho seco, aguardente, mel, *obi*, velas e muitas moedas. Tudo é oferecido a Exu.

326 - PARA RESOLVER PROBLEMAS COM OUTRA PESSOA

O nome completo da pessoa e os problemas em questão são escritos em um papel que se unta com *ori-da-costa*. Com o papel faz-se um cartucho onde se introduzem sete baratas vivas e que se despacha no mato. Quando as baratas começarem a roer o papel e se libertarem, a intranqüilidade tomará a pessoa até que ela resolva o problema.

327 - PARA A MULHER AMARRAR UM HOMEM

Por este caminho, a mulher pode amarrar o homem dando-lhe para comer um pedaço de carne de vaca que tenha passado em suas partes sexuais.

328 - PARA REVERTER UMA SITUAÇÃO

São precisos um galo para Exu, três ganchos de ferro, pano branco, pano preto, pano vermelho, sobras de comida, três *ofás* de ferro, terra de quatro caminhos, um pouquinho de *ierosum* e bastante moedas. Fazer *saraieiê* e despachar no local determinado pelo jogo.

329 - PARA VENCER UMA DISPUTA ACIRRADA

Coloca-se, para Ogum, um inhame untado com *ori-da-costa* e coberto com pano branco que, depois de sete dias, deve ser levado a uma mata, onde será colocado aos pés de uma *gameleira* ou de um *iroco*.

330 - PARA ÚLCERAS DE PELE

As úlceras da pele podem ser curadas com folhas de *flamboyant*, *espinheira-santa*, azeite e sal, aplicados em forma de emplastro.

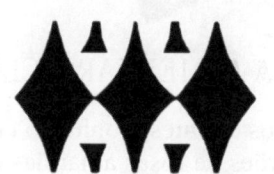

331 – PARA ATIVAR A MEMÓRIA

Prepara-se um pó com cabeça de galinha torrada, *efun*, folhas de Ossaim (vide o glossário) trituradas e secas. Mistura-se este pó com um pouco de *ori-da-costa*, embrulha-se em folha de *algodoeiro*. Todos os dias, retira-se um pouquinho da massa e passa-se no alto da cabeça.

332 - PARA MULHER GRÁVIDA AMEAÇADA DE PERDER O FILHO

Pega-se um ovo de galinha e unta-se com ori e efun. Passa-se o ovo na barriga da mulher, diretamente sobre a pele, dizendo: "Assim como Oxum come galinha e assim como a galinha põe ovos que lhe dão pintinhos, da mesma forma esta mulher terá seu filho com vida e saúde."

Em seguida, o ovo utilizado é envolvido em um pano estampado e colocado nos pés de Oxum durante cinco dias, depois dos quais é despachado numa cachoeira.

Observação: Este trabalho deve ser feito por uma mulher.

333 - GARRAFADA PARA IMPOTÊNCIA

São precisos folhas de *Jarrinha,* pau de cajazeira, folhas de *mangue-vermelho,* folhas de *cajazeira* e raiz de *pitomba.* Prepara-se uma infusão destas ervas fervidas em conjunto, coa-se e mistura-se com vinho branco. Tomam-se três doses por dia, durante sete dias. No oitavo dia, toma-se uma infusão de folhas de *mamoeiro.*

334 - PARA AUMENTAR A CLIENTELA

Quando quiser ter muitos clientes, ponha 16 tabuinhas com mel para Orumilá, e tome banho com botões de rosas amarelas e um pouco de mel.

335 - PARA QUALQUER TIPO DE DIFICULDADE

Sacrifica-se um galo a Xangô e oferece-se *inhame* pilado a Exu para resolver qualquer dificuldade.

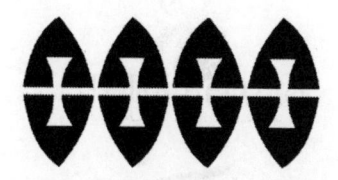

336 - PARA DEFENDER UMA CASA DE CULTO

Deve-se colocar uma corrente enterrada na entrada da porta, para que todos que entrem passem sobre ela para desmanchar bruxarias e más intenções de que sejam portadores e para que, quando entrar uma mulher menstruada, não prejudique a casa-de-santo.

337 - PARA ENGANAR A MORTE

Quando estiver em *osogbo Ikú* trazido neste Odu, a pessoa tem de preparar um boneco, colocá-lo em sua cama e dormir em outro lugar.

9
OSÁ MEJI

338 - PARA DEFESA DA CASA

Para defender a casa, a pessoa tem de oferecer presentes aos Ibeji e colocar um espelho em frente à sua porta.

339 - PARA DEIXAR EXU ALERTA

Oferece-se um pombo a Exu e colocam-se 101 penas de pombo no seu *igbá*.

340 - PARA TIRAR NEGATIVIDADE DE DENTRO DE CASA

Pinta-se a casa de branco e coloca-se uma casa de cera em Exu; sacrificam-se três frangas para Exu e para a casinha, assam-se bem as aves e despacha-se, uma dentro de uma mata e as outras duas em uma rua de movimento. Se a pessoa tiver condições, oferece também um galo e despacha suas carnes em três locais diferentes.

341 - PARA RECEBER UMA GRAÇA COM AJUDA DE OBATALÁ

Cobre-se Obatalá com um pano branco e oferece-se a ele uma cabaça com mingau de *acaçá* bem espesso.

342 - PARA ATRAIR BOA SORTE

Coloca-se, atrás da porta de casa, um prato com uma esponja do mar bem molhada com água de chuva e um vaso com flores.

343 - PARA DESPACHAR OS *ARAJÉS*

Torram-se folhas de *peregum*, faz-se pó e reza-se no tabuleiro com o signo de Osá riscado no pó. O pó é soprado na porta da casa da pessoa (de dentro para fora) e um pouco é passado em seu rosto e braços para afastar os *arajés*.

344 - PARA DESPACHAR EGUM OBSESSOR

São precisos uma galinha carijó, duas velas, um *obi*, pó de peixe e de preá; pano branco, pano preto e pano vermelho; folhas de *cascaveleira* e de *alfavaca*. Pinta-se em uma *cabaça* o signo de *Osá Meji*. Pega-se a galinha carijó, sacrifica-se e corta-se a perna esquerda (na altura do joelho) e coloca-se o membro amputado dentro da cabaça. Limpa-se a pessoa com as folhas e a galinha é oferecida para Elegbara.

345 - PARA TIRAR *IKÚ* E PROLONGAR A VIDA

Pega-se um carneiro, enrola-se nele um pano branco e manda-se a pessoa dar três cabeçadas nos chifres do animal. Depois disto sacrifica-se o carneiro para Xangô, retira-se o couro, esquarteja-se e oferecem-se as carnes ao orixá com todo o ritual. Com o pano branco que envolveu o animal manda-se fazer uma camisa que deverá ser usada pelo cliente.

346 - EBÓ PARA RESOLVER PROBLEMAS DE TODAS AS ORDENS

São precisos um galo, um avental com dois bolsos, quatro pedras de fogo, milho seco, terra da casa da pessoa, terra de rua, uma fita branca, pó de peixe e pó de preá.

Veste-se o avental na pessoa, passa-se tudo em seu corpo observando-se a ordem descrita acima e vão-se colocando as coisas nos bolsos do avental. Depois, sacrifica-se o galo para Exu de acordo com o ritual, tira-se o avental, embrulha-se o galo com ele, amarra-se com a fita e despacha-se no local determinado pelo jogo.

347 - PARA OBTER AJUDA DE IANSÃ NA RESOLUÇÃO DE UM PROBLEMA

Oferece-se uma cabra a Iansã. Faz-se uma trouxinha com diversos tipos de cereais e passa-se este saquinho no corpo de todos os presentes. Depois disto, abre-se a cabra e coloca-se dentro dela o saquinho com os cereais. Costura-se e despacha-se a cabra em uma praça.

348 - PARA TIRAR FEITIÇOS E MALDIÇÕES

Sacrificam-se dois pombos brancos à cabeça da pessoa. Colocam-se as penas dos pombos sobre o sangue derramado na cabeça da pessoa e, sobre elas, uma camada de algodão. Amarra-se com um pano branco.

349 - PARA TIRAR VÍCIO DE BEBIDA

Para acabar com este mal, faz-se ebó com um galo, duas galinhas, aguardente, pano branco e pano vermelho.

350 - PARA QUE UMA VIAGEM TRANSCORRA BEM

Se a pessoa tem uma viagem programada terá que, antes de partir, fazer ebó com dois galos, duas galinhas, uma escova, uma faca de matança, pó de peixe e pó de preá. Tudo é passado no corpo da pessoa e a faca e a escova permanecem no assentamento de Exu até sua volta.

351 - PARA TIRAR A ATENÇÃO DOS INIMIGOS

Pega-se um carvão grande, unta-se de azeite-de-dendê, escreve-se nele os nomes dos inimigos e deixa-se no *igbá* de Exu.

352 - PARA DESFAZER FEITIÇOS E MACUMBAS

A pessoa tem de dar comida à cabeça e oferecer água de *acaçá* a Obatalá, Xangô e Oxum.

353 - SEGREDO PARA APAGAR OS RASTROS DO ODU

Quando a pessoa termina de fazer ebó por este caminho, pega um pouco de farinha de *acaçá*, inscreve sobre ela o signo de *Osá Meji*, leva o tabuleiro até a porta de casa e ali, com o tabuleiro apoiado nos braços, dá-lhe uma pancada e diz:
"Osá Loni, Osawónrin, Osá Meta."
Em seguida, sopra o pó para fora.

354 - PARA TIRAR EGUM DE DENTRO DE CASA

Preparar uma pasta com azeite de oliva, azeite-de-dendê, pó de peixe fresco, pó de *efun*, pó de *pimenta-da-costa*, folhas de *bredo-branco* picadas e dois cocos ralados.
Depois de bem misturada, pega-se a massa obtida e se espalha por toda a casa; à meia-noite, varre-se tudo para a rua e continua-se varrendo até a próxima esquina.
Este trabalho é para limpar a casa de todas as coisas ruins que possam estar dentro dela.

355 - PARA QUE UM DOENTE FIQUE BOM

São precisos um gajo, um pombo, um preá e um pedaço de talo de uma folha de Iemanjá (vide glossário). Leva-se o ebó ao mar e, antes de levá-la, coloca-se Xangô ao lado de Iemanjá com duas velas acesas.

356 - EBÓ PARA ABRIR CAMINHOS

São usados um galo, um *eruqueré*, um *ofá* de ferro, duas galinhas, um ovo de galinha caipira, pó de preá, pó de peixe, azeite-de-dendê, mel e aguardente. Sacrifica-se o galo para Exu, dando *ejé* sobre o *ofá*. Faz-se *saraieiê* com as duas galinhas e sacrifica-se uma para Exu e a outra para a Iabá que se disponha a ajudar na questão. Passa-se o ovo na pessoa e quebra-se dentro do alguidar onde se colocou a galinha da Iabá. Tempera-se tudo com os pós de peixe e de preá, além dos ingredientes de praxe. Limpa-se a pessoa com o *eruqueré* e despacham-se os sacrifícios no local indicado pelo jogo. O *ofá* e o *eruqueré* ficam para Exu.

357 - EBÓ PARA AFASTAR A MISÉRIA

São usados um galo, dois *obis*, duas *cabaças*, seis folhas de *babosa*, diversos tipos de cereais e uma roupa velha e usada.

358 - EBÓ PARA ADQUIRIR FORTUNA

São precisos um galo, três peixes frescos, uma galinha, um pombo, um anzol, uma tábua de madeira em forma de tabuleiro e diversos tipos de cereais. Despacha-se tudo em cima da tábua.

359 - SEGURANÇA COM XANGÔ

Risca-se *Osá Meji* em um pouco de farinha de acaçá, coloca-se dentro de um saquinho e amarra-se o mesmo no cabo de uma faquinha de madeira. Envolve-se tudo com contas de Xangô e coloca-se, para sempre, na gamela do orixá.

360 - PARA PROBLEMAS CARDÍACOS

A pessoa tem que lavar a cabeça com *omieró* de folhas de cascaveleira onde se puxa (vide o glossário) um pinto.

361 - EBÓ PARA AFASTAR ,

São usados uma cabra, dois galos, pano branco, pano vermelho, pano preto, um alguidar com farinha de milho refinada (fubá) pó de preá, pó de peixe e dendê.

362 - PARA AFASTAR EGUM E TER PROTEÇÃO DE IEMANJÁ

São usados um galo, duas galinhas pretas, um pedaço de carne de porco, dois cocos secos pintados de azul, pó de preá, pó de peixe e azeite-de-dendê. Depois do ebó apresentam-se os dois cocos à cabeça da pessoa e se coloca diante de Iemanjá por três dias. Despacha-se nas águas do mar.

363 - EBÓ PARA VENCER OS *ARAJÉS*

São usados um galo, um alfanje, um tamborzinho, pó de preá e de peixe, *obi* e muitas moedas. Depois do ebó, o alfanje e o tambor ficam junto com Exu.

364 - PARA TER PROTEÇÃO DE IAMI

Coloca-se, pendurado no galho de uma árvore, uma *cabaça* envolta em *palha-da-costa* e cheia de *ierosum* onde se riscou e rezou *Osá Meji*.

365 - PARA VENCER UMA DEMANDA MUITO FORTE

A pessoa tem de tomar bori com um peixe fresco grande, em cuja boca se prendem dois anzóis. Depois de oferecido o peixe à cabeça, sacrificam-se dois pombos sobre ele e cobre-se com milho, arroz com casca e *amalá ilá*. Despacha-se nas águas do mar.

366 - EBÓ PARA A SORTE

São usados um galo, um pombo, uma pena de ecodidé, 10 anzóis, *amalá ilá*, pó de preá e pó de peixe. O galo é para Ogum.

367 - PARA PROSPERAR COM AJUDA DE OBATALÁ

Para obter prosperidade, a pessoa tem que colocar 16 mechas de algodão embebidas em *ori-da-costa* derretido e um *adimu* para Obatalá durante três dias.

368 - TRABALHO PARA MELHORAR A SORTE

Coloca-se em Exu uma coroa com quatro penas de *ecodidé*.
Passa-se um galo na pessoa e sacrifica-se para Xangô junto com *amalá ilá*, seis *bananas* com casca cortadas em rodelas e um pedaço de carne bovina cozida.

369 – PARA AUMENTAR O TEMPO DE VIDA

Pega-se uma pedra pequena dentro de um cemitério. Em um prato branco riscam-se nove círculos vermelhos, sendo que o primeiro deve ser feito no meio e deve ser maior que os outros. Dentro deste círculo colocam-se cabelos da pessoa, pedaços de sua roupa suados e a pedra. No chão risca-se um círculo com *efun*, dentro do qual coloca-se o prato; ao redor, acendem-se nove velas e, ao pé de cada vela, coloca-se um *obi* regado com azeite-de-

dendê. Do lado direito arreia-se um prato com quatro pedaços de coco seco e um copo com água para Oiá. Pergunta-se quantos dias fica arriado e onde será despachado.

370 - TRABALHO PARA TIRAR *OSOGBO* IKU

Faz-se ebó com um cabrito, um galo, um pau do tamanho da pessoa, roupas de seu uso, cabelos da cabeça, dendê, moedas, mel e aguardente. Depois de feito o ebó, o cabrito é sacrificado ao orixá que se encarregar de ajudar no problema. As carnes são cozidas, e, depois de frias, passadas no corpo da pessoa e despachadas no local indicado pelo jogo. A cabeça do cabrito é espetada na ponta do pau que, depois de totalmente untado com azeite-de-dendê, é espetado no chão. O galo é sacrificado no pé do pau espetado na terra.

371 - PARA FAZER PACTO COM EGUM NO CAMINHO DE OSÁ

Neste caminho se dão dois galos brancos a Egum Babaré para obter sua proteção.

372 - PARA TER SORTE NA VIDA

A sorte vem quando se dão dois galos brancos a Iemanjá.

A pessoa tem que fazer *bori* com dois pombos e é indispensável, durante a cerimônia, a presença de dois filhos de Obatalá.

373 - PARA AGRADAR BABÁ EGUM

Coloca-se *saraekó* para Babá Egum.

Aos pés de uma árvore seca ou que possua um buraco no tronco, acendem-se nove velas e colocam-se nove saraekó, dentro de uma tigela para Babá Egum.

374 - PARA LIMPEZA DE CORPO

Faz-se ebó com cereais, frutas e pedaços de carne.

375 - PROTEÇÃO EM OSÁ MEJI

Coloca-se um pouco de areia no chão e marca-se este Odu.

Sobre a areia coloca-se um alguidar com um pequeno furo em baixo, dentro do qual se coloca *saraekó* e quatro penas de *ecodidé*, para que escorra o *saraekó* sobre a areia. Quando o alguidar estiver vazio, recolhe-se a areia, coloca-se dentro de uma panela de barro com tampa, prendem-se as penas de ecodidé sobre a tampa e coloca-se a panela no telhado de casa.

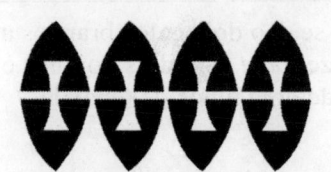

376 - PARA CALAR A BOCA DE UM FALADOR

Pega-se uma língua bovina fresca, abre-se ao meio e coloca-se ali: o nome da pessoa escrito em papel de embrulho dobrado nove vezes, nove grãos de *pimenta-do-reino*, nove agulhas, pó de *osun*, nove pedacinhos de casca de *iroco*, nove grãos de pimenta-da-costa, nove grãos de milho torrado, azeite-de-dendê, pó de peixe e pó de preá. Amarra-se bem, enrolando a língua toda com linha vermelha. Deixa-se de um dia para o outro nos pés de Exu; depois leva-se a um pé de *flamboyant* e se pendura em seu tronco ou em um galho alto. Pode-se pendurar em qualquer árvore, mas o *flamboyant* é a mais indicada.

377 - DEFESA CONTRA FEITIÇOS

Pega-se uma quartinha de barro, 41 taliscas de dendezeiro, farinha de *acaçá* ou pó de *efun* e *algodão* em rama. Na ponta de cada talisca de *dendezeiro* enrola-se um pouco de algodão, formando uma espécie de cotonete. Coloca-se a farinha de *acaçá* ou o pó de *efun* dentro de um prato, marca-se o signo de *Osá Meji* e reza-se o Odu. Em seguida, pega-se cada talisca, molha-se o algodão na saliva, diretamente na boca, passa-se sobre o pó contido no prato e coloca-se dentro da quartinha com a bolinha de algodão para cima. Depois de prontas as 41 taliscas, coloca-se a quartinha em cima do telhado como defesa contra feitiços. Este fetiche não só serve para absorver os feitiços mandados, como também devolve-os para seu ponto de origem.

10

OFUN MEJI

378 - PARA PROBLEMAS DE JUSTIÇA

Pegam-se três espigas de milho e três lenços brancos. Passam-se as espigas com casca e tudo no corpo da pessoa, embrulha-se uma em cada pano e entrega-se, a Exu. Depois de sete dias, desembrulha-se tudo, despacham-se as espigas em uma encruzilhada e amarram-se os lenços na cabeça da pessoa, que deverá dormir por uma noite com eles amarrados na cabeça. No dia seguinte constroem-se três bandeiras (uma com cada lenço), leva-se ao local onde as espigas foram despachadas e deixa-se ali.

379 - PARA QUE UMA PESSOA NÃO CAIA DE POSIÇÃO

Bate-se muito quiabo picadinho com água, espalha-se em um chão liso e roda-se a pessoa descalça sobre ele. Quando a pessoa cair, enrola-se uma corrente nova ao redor de seus tornozelos e dá-se-lhe uma surra com duas varas de *álamo*. Em seguida, enrolam-se as varas com a corrente e despacha-se no local indicado pelo jogo. A surra acima referida é simbólica.

380 - PARA ABRIR CAMINHOS DE NEGÓCIOS

Pega-se uma *cabaça* com água; desmancha-se nela um *ecó*, folhas de *saião*, folhas de *bredo-branco* e *ori-da-costa*; colocam-se os búzios de jogo dentro e todas as pessoas interessadas devem tomar um pouco deste *omieró*.

381 - PARA TIRAR *IKÚ* DE ALGUÉM

Talha-se um boneco de madeira; coloca-se sobre um pano branco junto com dezesseis moedas e limalha de todos os metais; reza-se *Ofun Meji*, sacrificam-se duas frangas e enterra-se tudo no cemitério.

382 - OUTRO TRABALHO PARA TIRAR *IKÚ*

Talha-se um boneco em madeira, juntam-se dezesseis moedas e lima lha de diversos metais. Limpa-se a pessoa com duas frangas, sacrifica-se uma sobre o boneco, embrulha-se no pano branco e manda-se enterrar no cemitério. Com a outra franga faz-se sacudimento na pessoa e sacrifica-se para Exu. O boneco fica junto do egum da casa.

383 - PARA DOENÇAS DO ESTÔMAGO

Para resolver-se problemas do estômago faz-se ebó com tudo o que a boca come; depois, com o material do ebó, faz-se uma pasta. Fazem-se três bonecos de pano, sendo um preto, um vermelho e um branco. Enchem-se os bonecos com a pasta do material do ebó, *bejerecum*, *obi* e *orobô*. Sacrifica-se sobre cada um deles, um pombo preto. Despacha-se cada boneco em um lugar diferente.

384 - PARA DERROTAR OS INIMIGOS

Preparam-se três bolos de carne moída crua com *amalá*, azeite-de-dendê e o nome dos inimigos dentro. Deixa-se por três dia nos pés de Exu. Depois de transcorridos os três dias, leva-se para a rua, passa-se por duas encruzilhadas e arreia-se na terceira, regando-se com mel de abelhas. Quando se voltar para casa, rega-se Exu com mel de abelhas.

385 - TRABALHO PARA MULHER ESTÉRIL

Sacrifica-se uma cabra para o Orixá Iroco, retira-se o útero do animal e oferece-se à cabeça da mulher. Quando parir uma criança, sacrifica-se um carneiro para egum com muita comida e cânticos.

386 - PARA REATIVAR O DESEJO SEXUAL ENTRE UM CASAL

Apresentam-se dois pombos à cabeça da mulher e soltam-se os bichos com vida. O marido tem de lavar seus órgãos sexuais com *omieró* de *peregum* e *álamo*. Sacrificam-se dois pombos no seu pênis em cima de Ogum, passam-se dois ovos de galinha em seu corpo, de baixo para cima, e depois ele tem de fazer sexo com sua mulher. Este ebó tem que ser feito na mulher e no marido no mesmo dia.

387 - EBÓ PARA IMPOTÊNCIA SEXUAL

Pega-se um dos cravos existentes no *igbá* de Ogum, amarra-se com palha-da-costa ao pênis da pessoa e se sacrifica um galo sobre o conjunto, deixando o sangue cair em cima do *igbá* de Ogum. Este trabalho pode ser feito com outro animal, dependendo da vontade de Ogum.

388 - PARA DESPACHAR O EGUM DE UM CONHECIDO

Prepara-se água de *acaçá* durante nove dias seguidos. Durante estes nove dias, seus familiares de sangue e de religião bebem desta água. O que sobra, a cada dia, é colocado em uma vasilha. Depois do nono dia, pega-se a vasilha e despacha-se na sepultura do morto.

389 - PARA TIRAR NEGATIVIDADE COM AUXÍLIO DE ORUMILÁ

Aqui se oferece, para tirar *osogbo*, duas galinhas brancas a Orumilá, cantando:
" Adie meji funfun
Komo orere lawá."

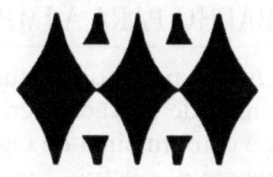

390 – PARA QUE OGUM DEFENDA UMA CASA

Coloca-se, em Ogum, uma melancia cortada em sete pedaços dentro de um alguidar. Depois de um dia, recolhe-se a água que escorreu da fruta, mistura-se com a água da quartinha de Ogum, acrescenta-se um ovo de galinha, arroz cru e sete colheres de leite; com esta mistura, lava-se o chão de casa.

391 - PATUÁ DE SEGURANÇA

A pessoa tem de ir às margens de um rio e ali pegar, com suas próprias mãos, uma pedra e um pouco de água. Pega-se a pedra e uma moeda de prata, lava-se com *omieró* de folhas de *álamo* e *pega-pinto* feitos com a água do rio, costura-se dentro de um saquinho branco e deixa-se, durante 16 dias, nos pés de Obatalá. Depois disto entrega-se à pessoa para que o use no bolso ou na bolsa como proteção para toda a sua vida.

392 - COMO LIBERTAR UM EGUM ASSENTADO

Leva-se o assentamento e seu dono à desembocadura de um rio com o mar e ali se oferece *obi* e água ao assentamento, dando-lhe conta do que se vai fazer. Em seguida coloca-se sobre o assentamento pó de preá, pó de peixe, azeite-de-dendê, milho torrado, aguardente e *obi*. Limpa-se a pessoa com um pombo marrom e um branco, que são soltos com vida. O assentamento fica naquele local.

393 - TRABALHO PARA A IMPOTÊNCIA

Colocam-se em Ogum três cravos ou parafusos de linha férrea untados de azeite-de-dendê, mel e cinzas de carvão. Sacrifica-se um galo deixando o sangue correr sobre o pênis e cair em cima de Ogum. Abre-se o galo e coloca-se o mesmo sobre o pênis até que esfrie. Limpam-se as partes da pessoa com as penas do galo e, depois, prepara-se um banho de folhas de *afomam*, sementes de *espinheiro*, folhas *jequí*, de *guaxima-do-mangue* e de *pau-ferro*. Este banho deve ser repetido nos três dias subseqüentes, perfazendo um total de quatro banhos.

394 - PARA OBTER PROTEÇÃO DE ORUMILÁ

Para adquirir proteção de Orumilá, deve-se colocar-lhe comida antes de servir a mesa. Esta comida é, depois de um dia, colocada no telhado de casa e deve ser ali deixada até que se desfaça. Depois repete-se o *orô* e se dá *obi* e água ao telhado de casa, e coloca-se ali uma *cabaça* com *saraekó*.

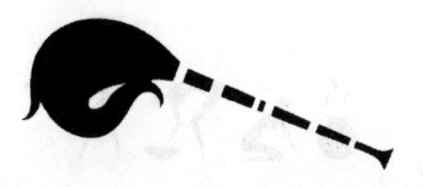

395 - PARA QUE ALGUÉM CONSIGA FAZER ECONOMIA

A pessoa tem que primeiro fazer ebó para a esquina da casa do cliente, riscando ali, com *efun*, o signo de *Ofun Meji* que, em seguida, é desmanchado com uma moeda corrente do maior valor existente. Em seguida, leva-se a moeda para casa, passa-se no corpo do cliente e entrega-se a ele para que a coloque no bolso, onde deverá permanecer durante quatro dias sem ser gasta. Depois de guatro dias com a moeda no bolso, a pessoa deve dá-la a um mendigo em nome de Obaluaiê. Depois do ebó, a pessoa tem que se banhar com folhas de *alfavaca, erva-de-são-domingos*, folhas de *frescura* e folhas de *nijé*.

396 - PARA RESTABELECER A AUTORIDADE PERDIDA

Oferecem-se três pombos à cabeça da pessoa diante de Oxóssi. Faz-se ebó com três frangas para Exu e oferecem-se dois cágados para Xangô. Coloca-se em Oxóssi um búzio dentro de um saquinho com uma flecha presa por fora, como se fosse um patuá.

397 - PARA NÃO SUCUMBIR DIANTE DE UMA CABEÇA MAIS PODEROSA

Coloca-se, para Exu, um *inhame* inteiro cru e regado com azeite-de-dendê e um *obi*. Depois, corta-se o inhame ao comprido e arreia-se em uma praça.

398 - PARA SALVAR UMA VIDA AMEAÇADA

Faz-se ebó na pessoa com um galo e um pombo; o galo é sacrificado para Exu e o pombo é solto com vida. A seguir, dá-se banho com água de anil. Depois disto, oferecem-se 16 *acaçás*, dentro do mesmo prato, ao céu e à terra.

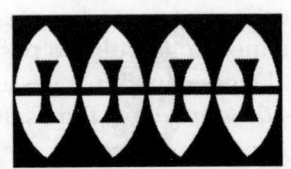

399 - PARA SALVAR UMA CRIANÇA DA MORTE

Pega-se um galo e um pombo. Depois de passar os bichos no corpo da criança, coloca-se água de anil em um prato, sacrifica-se ali o pombo e apresenta-se ao Orum. Ato contínuo, sacrifica-se o galo para *Ilê* e coloca-se ao lado do prato.

400 - TRABALHO PARA MELHORAR A SAÚDE

Tritura-se um pedaço de coral e um pedaço de azeviche, mistura-se com *ierosum* rezado deste signo e bebe-se com água de rio filtrada.

401 - PATUÁ DE BOLSO

Em um saquinho de pano branco coloca-se: um pedacinho de galho de *vence-demanda*, pó de sândalo, de penas de flamingo, de penas de garça branca, uma fava de *bejerecum*, *obi* ralado, *orobô* ralado, pó de ouro e pó de prata. Fecha-se o saquinho e adorna-se com contas de Orumilá, de Obatalá e de Oxum. O patuá anda sempre no bolso ou na bolsa da pessoa para quem tenha sido feito.

402 - BANHO PARA GARANTIR BOA SORTE

Maceram-se, em água de rio, 10 folhas de *cabaceira*. Depois de quinadas as folhas, acrescenta-se ao banho: um pouco de um perfume qualquer, 10 colheres de mel de abelhas, pó de *efun* e água da quartinha de Oxalá.
Tomam-se banhos e limpa-se a casa com pano molhado no *omieró*, na primeira sexta-feira de cada mês.

403 - PARA TIRAR NEGATIVIDADE

São usados 10 *acaçás*, 10 punhados de canjica cozida, 10 *oguedes*, 10 ovos de galinha, 10 bolas de arroz branco cozido sem sal e um pedaço de pano branco.
Retiram-se as claras dos ovos, batem-se em ponto de neve e deixam-se em uma tigela. Passam-se todos os componentes no corpo da pessoa, rasgam-se as suas roupas e passam-se as claras batidas em seu corpo, inclusive na cabeça e no rosto. Limpa-se com o pano branco, junta-se tudo dentro dele e despacha-se no alto de um morro. Depois do ebó, a pessoa toma um banho com sabão-da-costa.

404 - PARA OBTER PROSPERIDADE

Cozinha-se uma boa quantidade de canjica e coloca-se dentro de uma tigela branca. Leva-se a tigela, um *igbin*, uma vela branca grande, um pedaço de pano branco e uma garrafa com água de chuva a um lugar alto e ali, em baixo de uma árvore bem copada, forra-se o chão com o pano, arreia-se sobre ele a tigela com o ebó, acende-se a vela, passa-se o igbin no corpo da pessoa sem machucá-lo, coloca-se o bicho em cima da canjica da tigela, derrama-se a água de chuva em cima dele e a pessoa bate cabeça e pede tudo o que deseja de bom.

Este trabalho deve ser feito nas primeiras horas do dia, quando o Sol estiver raiando.

11
OWÓNRIN MEJI

405 - ASSENTAMENTO DE EGUM NOS CAMINHOS DE OWÓNRIN MEJI

Pega-se uma cabaça e pela parte do pescoço, introduz-se: uma cabeça de preá, uma cabeça de peixe, milho, *bejerecum*, *obi*, *osun* e um pedaço de galho de *cipreste*. Sacrifica-se um pinto e cobre-se com um pano preto e outro vermelho.

406 - TRABALHO CONTRA *ARAJÉS*

Coloca-se, em um espelho, pó de preá, pó de peixe e fubá. Sacrifica-se uma franga para Exu e derrama-se azeite-de-dendê quente em cima de Exu e sobre o espelho. O espelho fica para sempre no *igbá* de Exu.

407 - PARA QUE OS INIMIGOS NÃO ENTREM EM CASA

Pegam-se quatro tabuinhas e pinta-se nelas o signo de *Owónrin Meji* com *efun* e *osun*. Depois, passam-se as quatro tabuinhas no corpo e sacrifica-se um galo a Exu junto com elas. Retiram-se as tabuinhas e coloca-se atrás da porta para que os *arajés* não entrem mais em casa.

408 - PARA EVITAR DERRAMAMENTO DE SANGUE DENTRO DE CASA

Oferece-se um *adimu* qualquer para Exu e, enquanto se estiver fazendo o *orô*, abrem-se as torneiras e deixa-se a água escorrer para que, em vez de sangue, corra água em casa.

409 - PARA EXU ATRAPALHAR OS INIMIGOS

Coloca-se em Exu uma navalha velha, em cuja lâmina espetam-se papéis com os endereços dos inimigos, e cobre-se com pó de carvão e pó de *efun*.

410 - PARA DEFESA DA CASA

Pega-se um pouco de *ierosum*, marca-se o signo de Owónrin Meji e sopra-se na porta de casa, de fora para dentro, com a seguinte reza.:
"Owónrinxogbe Baxowani sanxemixé jiro ni bode agadá afoxe iyarawá edi damí Logun damirê afu lení."

411 - PARA DEFESA DO CORPO

Prepara-se *ierosum* da mesma forma que na receita anterior (410) e mistura-se a um banho de folhas de Oxum (vide glossário) quinadas e fervidas. Depois de frio, mistura-se o *ierosum* e um pouco de água de chuva.

412 - TRABALHO PARA LEVANTAR UMA PESSOA

Espalha-se um pouco de *ierosum* no solo, risca-se o signo e colocam-se, em cima, 16 pitadinhas de pó de preá. Em seguida desmancha-se o signo fazendo a seguinte reza:

"Owónrin kaxu bawo alasesegun aiyé.

Owónrin alasesegun adifafun Owónrin, adifafun aiyé un batowá aiyé, Ilê, awo."

Isto feito, recolhe-se tudo e coloca-se sobre o *opon*. Sacrifica-se um pombo para Oiá, coloca-se o corpo sobre um pano vermelho, cobre-se com o *ierosum*, embrulha-se e despacha-se no mato. Este trabalho é para trazer sorte e dinheiro.

413 - SACRIFÍCIO A EXU NOS CAMINHOS DE OWÓNRIN

Sacrifica-se um galo dentro de casa. Ao lado do igbá coloca-se uma pedra de carvão em brasa. Quando o animal é sacrificado, deixa-se um pouco do sangue escorrer sobre a brasa. Abre-se o galo e derrama-se azeite-de-dendê em suas entranhas. Deixa-se em cima do igbá de Exu por três dias com uma vela acesa. Pergunta-se no jogo onde deverá ser despachado.

414 - TRABALHO PARA DOENÇA EM OWÓNRIN

Sacrifica-se uma galinha para Exu, da seguinte forma: espalha-se areia de rio no solo e coloca-se Exu em cima da areia. Sacrifica-se a galinha sobre o *igbá* e ao seu redor, sobre a areia, deixa-se escorrer um pouco do sangue. Dão-se três gotas de sangue à terra fora da areia. Feito isto, oferece-se *obi* e água fresca a Exu, recolhe-se a areia e junta-se a ela: pó de preá defumado, pó de peixe defumado, milho torrado, aguardente, azeite-de-dendê e mel. Cobre-se Exu com todas estas coisas e pergunta-se, no jogo, onde será despachado o ebó.

415 - TRABALHO PARA DESMANCHAR QUALQUER TIPO DE NEGATIVIDADE

Marca-se o Odu sobre o solo. Em cima da marca coloca-se um prato branco fundo com uma folha de *xicá*, um *acaçá*, pó de peixe, azeite-de-dendê e *osun*. Puxam-se dois pintos machos (vide glossário) sobre o prato e colocam-se seus corpos dentro do mesmo. Despacha-se no mato, no dia seguinte, bem cedinho. Este trabalho é feito atrás da porta da casa do cliente.

416 - PARA ABRIR CAMINHO FECHADO

Dá-se um bode a Exu e toma-se banho com folhas de *abiu roxo*. Tem-se que apaziguar Exu, lavando-o com água com um pouco do sangue recolhido em uma *cabaça*.

417 - PARA QUE UMA PESSOA DEIXE DE SER BOBA

A pessoa tem que roubar um filhote de pombo emplumado e, com ele, tomar *bori* em sua própria casa. Este ebá tem que ser feito na frente de um Ogã confirmado que será pago para despachar o carrego do *bori*.

A pessoa tem que colocar uma bandeira branca atrás da porta de casa e, nas árvores frondosas que tenha em casa ou nas suas proximidades, derramar mel para atrair as formigas.

418 - PARA EXU TRABALHAR

Aqui Exu vive sobre um tambor com um parafuso de linha de trem ao lado. Com essas coisas invocam-se, à meia-noite, todos os espíritos ligados a ele para trabalharem para a pessoa.

419 - TRABALHO PARA SE OBTER UMA GRAÇA DE EXU

Abre-se um buraco no quintal e coloca-se Exu dentro dele. Sacrificam-se dois pombos e deixa-se o sangue correr dentro do buraco ao redor do *igbá*, tendo cuidado para que não caia sobre ele. Em seguida, acendem-se sete velas ao redor do buraco e tapa-se o mesmo com areia de praia. Despacham-se os pombos mortos nas águas do mar. As cabeças dos pombos são arriadas diante de Xangô, para que sequem. Depois de sete dias, desenterra-se Exu, lava-se com água do mar e com amaci de suas folhas e sacrifica-se um frango para ele no ritual de praxe. Com as cabeças de pombo colocadas diante de Xangô, prepara-se um pó ao qual se acrescenta pó de *efun*, de preá e de peixe. Este pó é colocado em um saquinho de couro que deve ficar no *igbá* de Exu. Sempre que se precisar obter uma graça, pega-se um pouco do pó, sopra-se sobre Exu e faz-se o pedido.

420 - PARA ATINGIR UM OBJETIVO QUALQUER

A pessoa tem de fazer ebó com galinha-d'angola e depois, tomar banho de *omieró* de folhas de *cascaveleira*, de *almecegueiro* e *cana-da-Índia*.

421 - PARA MELHORAR DE VIDA

São usados dois peixes pargos, 16 búzios, 16 folhas de *cajazeira*, 16 sementes de *dendezeiro* partidas, 16 fitas de cores diferentes e 16 favas de *pimenta-da-costa*. Passa-se tudo no corpo e despacha-se nas águas de um rio.

Durante o ebó, a pessoa a ele submetida deverá permanecer sem roupas, enrolada apenas em uma toalha branca.

422 - PARA OBTER UMA GRAÇA DE OLOCUM

Entrega-se a Olocum, nas águas, uma coroa de *mariô* enfeitada com 16 penas de *ecodidé*.

423 - EBÓ PARA *OSOGBO IKÚ*

Passam-se dezesseis moedas na pessoa. Coloca-se tudo em um saquinho de pano que é amarrado no pescoço de uma cabra, que se solta viva na calçada de uma rua pavimentada. Este trabalho é para despachar Ikú e para troca de cabeça.

424 - PARA DESMANCHAR FEITIÇO

São precisos uma galinha preta, *efun*, cinzas de *pára-raio*, cinzas de folhas de pimenteira, cinzas de folhas de *anileira*, velas, aguardente, onze bolas de farinha e uma fita larga.

425 - PARA DOENÇA E MORTE

São precisos duas frangas, *ori*, *efun*, azeite-de-dendê, folhas de *cascaveleira*, folhas de *pára-raio*, *alfavaca*, folhas de *anil*, uma fita branca e uma fita preta. Pega-se uma das frangas, untam-se suas patas com *ori*, azeite-de-dendê e *efun*, passa-se no corpo do cliente e sacrifica-se a Exu. Pega-se a outra franga; enrola-se, na perna esquerda, uma folha de cascaveleira, uma de pára-raio, uma de alfavaca, uma de anil e amarra-se com a fita branca e com a fita preta. Sacrifica-se, também, para Exu sem, no entanto, passar no corpo do cliente.

426 - PARA OBTER AJUDA DO EGUM DO PRÓPRIO PAI
(Serve também para Pai-de-Santo).

A pessoa tem de oferecer ao egum de seu próprio pai (se este já for morto), uma galinha-d'angola, dois *obis*, nove *olelés*, nove *ecurus*, nove *acaçás* e cerveja preta. A galinha-d'angola é assada e servida com o resto no local determinado pelo egum.

427 - PARA DESPISTAR OS INIMIGOS

Enrola-se uma navalha com fios pretos e brancos, amarra-se com sete nós e coloca-se em Exu. Sempre que a pessoa for sair para a rua, coloca em Exu pó de peixe, pó de preá, milho vermelho e azeite-de-dendê.

428 - TRABALHO PARA TIRAR *ARAJÉS*

Acende-se uma brasa de carvão bem grande. Quando estiver bem viva, apaga-se com azeite-de-dendê, sacrifica-se um galo em cima e coloca-se diante de Exu. Prepara-se um penacho feito com as penas do pescoço de um galo, cobre-se com pó de *efun* e pó de carvão, coloca-se um pouco de ierosum rezado e coloca-se na cabeça de Exu.

429 - PARA ENCONTRAR FELICIDADE

Faz-se ebó passando dois pintos brancos no corpo e soltando os bichos com vida no quintal.

430 – PARA PROBLEMAS DE SAÚDE

Preparar banhos com folhas de *cedro*, de *pára-raio* e de *cajazeira*. Os banhos devem ser tomados ao meio dia durante onze dias consecutivos.

431 - SEGURANÇA EM OWÓNRIN MEJI

São usados diversos tipos de madeiras sagradas; crânio de galinha; língua, olhos e unhas de galo moídas; um ovo de galinha, *bejerecum* e *obi*. Marca-se o signo. Leva três *ikins* pequenos. Come galinha carijó junto com Ossaim, em cima dos ikins. Veste-se com couro de bode e de carneiro.

432 - EBÓ PARA RIQUEZA

Um galo, uma tigela, um *oguidi*, uma corrente, seis *okutás*, um pano branco, um vermelho e um azul, pó de *ekú* e de *ejá*. Passa-se o galo na pessoa e sacrifica-se sobre Exu, dando um pouco do *ejé* dentro da tigela onde se colocou o *oguidi*, os seis *okutás* e a corrente. Tempera-se com pó de *ekú* e de *ejá*, embrulha-se a tigela nos panos, seguindo a ordem das cores acima descritas e deixa-se diante de Exu durante sete dias, findos os quais, a pessoa leva o ebó para casa onde ele será mantido em lugar seguro, fora do alcance de curiosos.

433 - EBÓ EM *OSOGBO ARUN*

São usados um galo; um pano branco, um preto, um estampado, um azul-claro e um vermelho; pó de peixe, pó de preá, sete *obis* e muitas moedas. Depois de feito o ebó, a pessoa tem que tomar *bori* com dois pombos.

434 - EBÓ PARA OBTER FORTUNA E PODER

São usados duas galinhas, um saco de estopa, dois pombos, quatro espigas de milho seco e muitas moedas. Passa-se tudo no corpo do cliente e vai se arrumando dentro do saco. Uma galinha é sacrificada para Exu e a outra para Orumilá. Os pombos são soltos com vida. O saco com o carrego é despachado no mato. Tem-se de passar três pintos no corpo da pessoa completamente despida e oferecer a Exu. Leva-se a pessoa ao rio com Exu e, na margem, sacrifica-se um cabritinho dando o primeiro sangue às águas e o resto a Exu.

Depois do ebó, o oficiante tem que se limpar com um ovo, uma galinha e um acaçá para não ficar com as reumas (maus fluidos) do cliente.

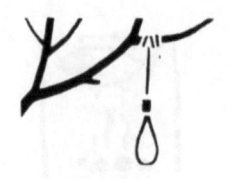

435 - EBÓ PARA OBTER SORTE NA VIDA

São usados um galo, quatro pombos, uma roupa velha e suada, sabão-da-costa, uma *bucha vegetal*, uma *cabaça* nova e uma muda de roupas novas. Leva-se a pessoa a um rio, em cujas águas será introduzida. A pessoa deve ficar de pernas abertas, de frente para a correnteza. Passam-se os pombos no seu corpo e puxam-se os mesmos sobre sua cabeça. Rasga-se a roupa velha que a pessoa está usando e vai-se largando ao sabor da corrente. Com a cabaça cortada ao meio, lava-se a pessoa, esfrega-se bem com o sabão-da-costa e enxagua-se para sair todo o sangue. Retira-se a pessoa das águas e veste-se com as roupas novas como se ela tivesse acabado de nascer.

436 - PARA LIMPEZA DE CASA

A pessoa tem que limpar a casa durante três dias seguidos com *omieró* de *pinhão-roxo*, *sálvia*, *alfavaca* e *gengibre*. Depois, tem que oferecer a Exu um inhame regado com azeite-de-dendê. Pega-se o *inhame*, corta-se ao meio, retira-se o miolo, introduz-se nele os nomes dos *arajés* e enche-se com dendê. Depois, fecha-se, coloca-se em um alguidar, cobre-se com mais azeite-de-dendê e entrega-se a Exu.

437 - OLELÉ A EGUM PARA OBTER UM FAVORECIMENTO

Deixa-se uma porção de *feijão-fradinho* de molho na água por três dias. No terceiro dia moe-se o feijão no liqüidificador com casca e tudo, usando o mínimo possível de água.

Refoga-se, em uma panela à parte, uma cebola picada, um pimentão vermelho picado, um tomate sem as sementes, orégano e cuminho. Quando estiver bem refogado, juntam-se dois ovos e deixa-se no fogo por mais um tempo, mexendo sempre com uma colher de pau. Junta-se a massa do feijão e mexe-se durante alguns minutos em fogo brando, até que adquira consistência. Tira-se a comida do fogo e coloca-se, com uma colher, pequenas quantidades dela em folhas de *mamona* que se amarram em forma de trouxinhas. Coloca-se uma panela com água no fogo e, quando estiver fervendo, colocam-se as trouxinhas dentro dela, deixando-as ali por 20 minutos. Retira-se do fogo, deixa-se esfriar, desembrulham-se os bolinhos e arruma-se em um alguidar, arriando nos pés de egum. Deixa-se por três dias e despacha-se depois, em um terreno baldio ou dentro de uma mata. As folhas de *mamona* retiradas dos bolinhos são usadas para forrar o alguidar.

Devem ser preparados 10 *oleles*, sendo que um é separado e oferecido a Exu e os outros nove são para egum.

438 - PARA BOA SORTE

Corta-se uma *cabaça* ao meio, limpa-se bem e sacrifica-se um galo bonito para Exu. As penas do galo são retiradas, colocadas dentro da cabaça e cobertas com bastante mel. Acendem-se duas velas diante da cabaça e deixa-se diante de Exu de um dia para o outro. No dia seguinte, enche-se a cabaça com muitos caramelos, fecha-se com sua própria tampa e despacha-se em uma encruzilhada de quatro esquinas, em um local movimentado.

439 - LAMPARINA PARA DERROTAR UMA PESSOA

Pega-se uma foto da pessoa, coloca-se dentro de uma meia *cabaça* e cobre-se com: cinco colheres de sal, o suco de três limões, 11 gotas de azougue, 11 colheres de alcatrão, 11 pitadas de *osun*, pó de enxofre, pó de osso de pata de galo, 11 gotas de amônia, 11 colherinhas de óleo de rícino.

Completa-se a cabaça com óleo de *mamona* e acendem-se três pavios que são renovados diariamente, durante 11 dias, findos os quais, despacha-se tudo em uma lixeira pública.

12

EJILAXEBÓRA

ATENÇÃO!

Os ebós deste Odu, para que surtam efeito, devem ser passados pelas costas do cliente e por dentro de suas roupas.

440 - PARA ATIVAR A MEMÓRIA

Para remediar a perda de memória, deve-se colocar um sininho em baixo do travesseiro e tocá-lo à meia noite em ponto para invocar a proteção dos 16 Odus principais.

441 - SEGURANÇA DO ODU

A proteção deste Odu vem de um chifre de boi com seis barras de aço dentro, envolvidas em pano preto e amarradas com arame de aço, que se põe aos pés do *igbá* de Ogum.

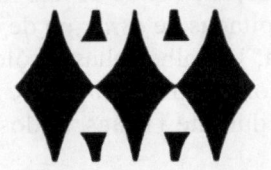

442 – BANHO DE DEFESA

Colocam-se, em Xangô, folhas de uma espécie de cacto conhecido como *esogi* que, depois de seis dias, são maceradas em água para tomar-se banho.

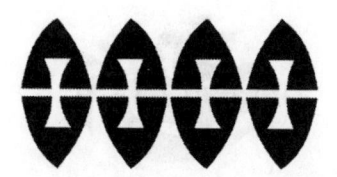

443 - PARA OBTER RECURSOS FINANCEIROS

Sacrifica-se, para Exu, um frango bem novinho que deve ser despacha-do na desembocadura de um rio com o mar.

444 - PARA PROBLEMAS DE TRABALHO

São usados sete pedras de minério de ferro, um galo, doze grãos de *pimenta-da-costa*, uma corda em forma de laço e um alguidar grande. Leva-se tudo aos pés de um *Sumaúma*, arrumam-se as coisas dentro do alguidar, sacrifica-se o galo em cima e tempera-se com dendê, mel e aguardente.

445 - SEGURANÇA DESTE ODU

Dentro de uma panela de barro com tampa colocam-se: folhas de *kokodi*, quatro *obis* de quatro gomos, dezesseis grãos de *pimenta-da-costa* e dezesseis *pimentas-da-china*. Enrola-se a panela com um pano de faixas pretas e brancas, leva-se a um cemitério e, ali, vai-se a uma sepultura e pergunta-se ao egum ali enterrado se quer ser nosso aliado. Nesse mesmo lugar, abre-se a panela e sacrifica-se, em seu interior, um filhotinho (pintinho) de garça branca e cobre-se com pó de *efun*. Embrulha-se novamente a panela, leva-se para casa e lá sacrifica-se, dentro, um pombo. Fecha-se a panela, envolve-se com franjas de *mariô* trançadas e enfeita-se com um fio de contas pretas fechado com uma firma preta. Pega-se um vaso com terra e enterra-se a panela dentro dele. Esta segurança protege a pessoa durante suas viagens, assim como sua família em sua ausência. Tem que ficar em um lugar alto e não pode ser tocada por mãos de mulheres. Sempre que seu dono precisar viajar, tem que untá-la com azeite-de-dendê.

446 - BANHO DE PROTEÇÃO

Fazer um banho com água de rio, água da quartinha de Oxum e doze *lírios brancos*. Este banho deve ser tomado às doze horas do dia.

447 - PATUÁ DESTE SIGNO PARA SER USADO NO BOLSO

São usados um osso da cabeça de um cágado, raiz de afomam, um osso da cabeça de um frango preto, obi, osun, pimenta-da-costa, quatro penas de ecodidé. Coloca-se tudo em um saquinho de pano vermelho. Todas as quartas feiras, sopra-se um pouco aguardente.

448 - PARA NEUTRALIZAR UMA PESSOA

Recolhem-se as pegadas que a pessoa deixar sobre a terra; coloca-se a terra recolhida dentro de um oberó. Amarra-se um pinto vivo, coloca-se dentro do alguidar, enterra-se e entrega-se a Exu Burucu. O rastro que se recolhe de alguém tanto serve para fazer o bem quanto para fazer o mal.

449 - PARA CONSEGUIR DINHEIRO

São necessárias folhas da cana do milho, uma espiga de milho e pano branco.

Corta-se a espiga em duas partes e envolve-se cada uma, em separado, nas folhas de cana de milho; embrulham-se as duas juntas no pano branco e oferece-se a Orumilá, dizendo: "Orumilá owo ire umbó."

450 - PARA TIRAR NEGATIVIDADES TRAZIDAS POR EGUM

São usados um galo, dois pombos, três ramos de árvores pintados de branco e vermelho, pano branco e pano vermelho. Leva-se tudo para o mato, passa-se no corpo da pessoa, sacrifica-se o galo, soltam-se os pombos vivos e arreia-se sobre os panos.

451 - PARA GARANTIR O SUCESSO

São necessários um galo, duas galinhas-d'angola, uma fita branca com a medida da cabeça da pessoa, roupa usada sem lavar, pó de peixe e pó de preá. Sacrifica-se para Exu e despacha-se enrolado nas roupas usadas. A fita fica no quarto de Iemanjá.

452 - PARA VENCER DEMANDA COM MACUMBEIRO

Para vencer esta guerra, deve-se hastear uma bandeira branca em casa. Em seguida, pega-se um galo, dois pombos, uma franga, um *ofá*, pano branco, peixe fresco e velas. A franga é para passar no cliente; o galo é ofertado a Exu; os dois pombos são para Obatalá e o peixe é oferecido ao *ori* da pessoa.

453 - BANHO DE LIMPEZA

Devem-se colocar, em Exu, folhas de parreira e de *figueira*; e depois, prepara-se um banho com elas. Tomar o banho somente do pescoço para baixo.

454 - PARA ATRASOS E ROUBOS NO COMÉRCIO

Quando a pessoa está sendo vítima da inveja que atrasa o desenvolvimento das atividades comerciais, de roubo no comércio e de transações desleais, tem que fazer ebó com quatro pombos que são oferecidos a Obatalá. Coloca-se em Obatalá uma coroa com dezesseis penas de *ecodidé*.

455 - PARA DESPACHAR *IKÚ*

São precisos duas galinhas; pano preto, vermelho e branco; pó de preá, pó de peixe, milho torrado, dendê, aguardente e *ori-da-costa*.
Sacrificam-se as galinhas por estrangulamento, abre-se-lhes os peitos e coloca-se dentro um pouco de cada ingrediente relacionado. Embrulha-se nos panos e despacha-se no cemitério.

456 - PARA DESPACHAR EGUM

Duas galinhas são sacrificadas, uma por estrangulamento e a outra por decapitação. O resto do ebó é exatamente igual ao anteriormente descrito.

457 - PARA GARANTIR QUE O ANO-NOVO CORRA BEM

A pessoa, todo primeiro dia do ano, tem que sacrificar um galo para Exu. No mesmo dia, coloca *acaçá* dentro de uma *cabaça*, completa com vinho seco, e oferece aos pés do batente da porta de casa. Depois disto, uma vez por mês, unta a porta com *ori-da-costa*, formando uma cruz.

458 - PATUÁ DE SEGURANÇA

Preparam-se duas caixinhas de madeira colocando em uma delas uma cabeça de cágado e na outra uma cabeça de galo e em ambas terra de casa, um pouco de cabelo do cliente, pó de preá, pó de peixe, milho torrado, um *obi* e um orobô. As cabeças dos bichos são crânios secos.

As caixinhas são lavadas com *omieró* de folhas de *abre-caminho* e *sempre-viva*; comem uma galinha preta junto com Orumilá e o orixá da pessoa. Seus nomes são: Oyedegun e Oyedeman.

A Exu se dá um galo do qual se tiram penas da asa direita e do pescoço, que se colam em uma fita preta, colocando no meio uma pena de peru formando, com isso, uma espécie de cocar que é colocado na cabeça de Exu.

459 - EBÓ PARA DOENÇA

São precisos um galo, uma roupa usada, uma bengala e todos os ingredientes comuns às oferendas de Exu (mel, dendê, aguardente).

Passa-se o galo nas costas da pessoa e sacrifica-se normalmente a Exu; rasgam-se as roupas no corpo e, com elas, embrulha-se o galo. Deixa-se diante de Exu durante umas duas ou três horas e depois despacha-se em uma sepultura. Depois de feito o ebó, o doente deve caminhar, todos os dias, de sua cama até a porta da rua apoiando-se na bengala. Quando ficar inteiramente curado, deve oferecer a bengala a Exu junto com outro galo.

460 - PARA DESMANCHAR UM FEITIÇO FEITO POR UMA MULHER

Se uma mulher fez feitiçaria contra a pessoa, para desfazê-la, toma-se banho de *omieró* de *alfavaca*, *beldroega* e *abre-caminho*.

461 - SEGREDO DESTE ODU PARA SE OBTER UMA GRAÇA

Pega-se um pedaço de carne de vaca e abre-se como se fosse um livro. Passa-se embaixo das axilas, depois unta-se com azeite-de-dendê e pede-se a graça que se deseja obter. Em seguida, cospe-se três vezes dentro da carne e fecha-se como se fecha um livro. Leva-se a uma linha férrea e deixa-se sobre um trilho junto com sete moedas correntes. Entrega-se a Ogum e pede-se a sua proteção.

462 - PARA OBTER AJUDA DE OXUM

Oferece-se *adimu* à Oxum com cinco coisas diferentes para obter sua ajuda e sua proteção. Este adimu deve conter cinco espelhos, cinco rosas amarelas, cinco ovos de galinha crus, cinco facas de anis e cinco moedas. Tudo deve ser arrumado sobre a comida que for oferecida ao orixá.

463 - PARA PROBLEMAS DA PELE

Para insônia e erupções cutâneas toma-se chá de *tuatua* e *salsaparilha*.

464 - PARA GARANTIR O SUCESSO

É feito ebó com uma franga, um cágado, um morcego, uma faca, pano branco, pano preto, água de rio, folhas de *lotus*, *salsa*, pó de preá e pó de peixe.

465 - PARA ALCANÇAR UMA COISA DIFÍCIL

O ebó usa um carneiro branco, um galo branco, um boneco preto vestido de azul e branco, duas máscaras de qualquer tipo e material, água do mar, uma tarrafa, uma vara de pesca com anzol e linha, pó de preá e de peixe, dendê, mel, aguardente e muitas moedas.

466 - PARA ALCANÇAR UM OBJETIVO

Deve-se dar costela de gado bovino assada e bem temperada, que depois deve ser levada às margens de um rio e entregue a Oxum.

467 - PARA LIMPEZA DE CORPO E PROTEÇÃO

A pessoa deste signo tem de ter um pedaço de *yagua*. Tem que banhar-se, periodicamente, com *omieró* de sete pedaços de *yagua*, sete folhas de *jagüey*, sete de *amansa-guapo*, sete de *pau-ferro* e sete de *yaya*. Depois do banho, deve sacrificar uma galinha à sua sombra.

468 - PARA ABRIR CAMINHOS

São usados um bode, um galo, uma galinha, um *obi*, uma galinha- d'angola macho, areia do mar, um peixe fresco, milho torrado, folhas de Ifé (ver glossário), panos vermelhos, pretos e brancos.

469 - PARA OBTER UMA GRAÇA

Fazer ebó com um bode, um galo, um cágado, uma galinha, pano branco, pano preto, folhas de Ifá (vide glossário), água do mar, *obi*, pó de peixe e pó de preá.

470 - PARA CONSEGUIR MUDAR DE RESIDÊNCIA

São usados um galo, dois pombos, pano estampado, pano vermelho, cinco ovos de galinha, poeira de dentro de casa, pó de peixe, de preá, dendê, mel, aguardente e efum.

471 - PARA OBTER DINHEIRO

Para obter dinheiro e fartura, a pessoa tem que fazer ebó com cinco galinhas que são ofertadas a Oxum. A pessoa tem de levar um ramo de flores a um cemitério e, depois de passá-lo no corpo invocando todos os seus familiares mortos, deve colocá-lo em uma sepultura abandonada.

472 - PARA RECUPERAR A POTÊNCIA SEXUAL

Fazer ebó com um galo, um pedaço de madeira de uma casa velha, um pedaço de raiz de mandioca, uma pedra achada na rua e muitas moedas.

473 - PARA NÃO TER DE SAIR DE UMA CASA

Fazer ebó com um frango, um galo adulto, *obi*, terra de casa, pó de peixe, pó de preá, azeite-de-dendê, aguardente, velas, milho torrado e muitas moedas.

474 - PARA ABRIR CAMINHOS FECHADOS

Quando é Iemanjá quem fecha os caminhos da pessoa, é preciso apaziguá-la oferecendo-lhe dois galos brancos, dois *obis*, duas velas e *uáji*. Entrega-se em uma praia.

475 - PARA QUE O BEM PENETRE EM UMA CASA

A pessoa tem de fazer ebó em casa para que todo o bem ali penetre e permaneça. Durante sete dias seguidos, devem-se mandar ao mar as sobras de comida de casa, entregando a Olocum.

476 - PARA DESPACHAR NEGATIVIDADE

Para evitar qualquer *osogbo*, faz-se o seguinte ebó: sacrifica-se um galo; passa-se no corpo uma pedra, um coco seco e uma vela; coloca-se tudo em um pano de qualquer cor, cobre-se com pó de peixe, pó de preá, embrulha-se tudo e enrola-se com uma corda, amarrando bem amarrado. Leva-se ao alto de um morro e se lança em uma ribanceira.

477 - PARA OBTER UM FAVORECIMENTO QUALQUER

A pessoa tem que dar *adimu* à Oxum na beira de um rio. O adimu tem que ser entregue por uma filha de Oxum.

478 - PARA OBTER O PERDÃO DE OIÁ

Oferece-se à Oiá, feijão vermelho e favas de *ayo* cozidos e temperados com azeite-de-dendê.

479 - PARA ESCAPAR DE UMA CILADA

Fazer ebó com um galo, um pedaço de couro de veado, pó de preá, pó de peixe, uma faca, dendê, mel, aguardente e velas. Oferece-se a Exu.

480 - PARA QUE O MARIDO ABANDONADO ACEITE A MULHER DE VOLTA

A mulher que deseja voltar à companhia do marido tem que fazer ebó com uma galinha-d'angola, a camisa que estiver usando, um pedaço de pano e muitas moedas.

481 - PARA RESOLVER PROBLEMAS

Para resolver os seus problemas, a pessoa deve oferecer dois pombos ao egum de sua mãe e pedir perdão a ela pelos erros cometidos.

Deve soprar em sua sepultura pó de penas de galinha-d'angola misturado com *ierosum* rezado de Iwori Meji.

482 - PARA OBTER CASA PRÓPRIA

Fazer ebó com um galo, uma casinha de cera, quatro saquinhos de pano, um *igbin*, um chocalho de cascavel e dois pombos. Sacrifica-se o galo deixando o sangue correr sobre as outras coisas. Puxa-se o igbin (vide glossário) e coloca-se dentro do primeiro saquinho; puxa-se um pombo e coloca-se no segundo; puxa-se o outro pombo e coloca-se no terceiro. No quarto saquinho, coloca-se a casinha com o chocalho de cascavel dentro. Arruma-se tudo dentro de um alguidar, coloca-se o galo inteiro em cima e entrega-se a Exu.

483 - PARA VENCER UMA QUESTÃO DIFÍCIL

Para ganhar uma guerra, faz-se ebó com um galo, inhame e dois pombos. Passa-se tudo no corpo da pessoa e sacrifica-se para Ogum. Depois de feito o ebó, cobre-se Ogum com bastante *efun* e um pano branco.

484 - PARA SEPARAR AS PESSOAS

Neste Odu nasceu o poder de criar discórdias contido nas folhas de *acácia* amarela.

Um ebó feito com estas folhas ou o seu pó soprado em algum lugar, fomenta a separação entre as pessoas.

485 - PARA QUE A MULHER GRÁVIDA NÃO VENHA A ABORTAR

Para segurar a gravidez, a mulher deve tomar canja feita com um peru que antes é oferecido à Iemanjá na praia. Limpa-se bem a ave e se faz um caldo com água de rio que deve ser tomado por sete dias.

486 - PARA LIVRAR ALGUÉM DA MORTE

Pega-se um pedaço de carne fresca de vaca, passa-se no corpo da pessoa e coloca-se em um alguidar. Pega-se um peixe fresco e age-se da mesma forma. Com um punhal, fura-se a carne e o peixe com 12 golpes. Por cima da carne e do peixe, coloca-se: milho torrado, pó de peixe, pó de preá, azeite-de-dendê, mel, *ori-da-costa*, pó de *efun*, um pouco de água benta, vinho tinto e melado de cana.

Deixa-se tudo diante de Exu com duas velas acesas. Rasgam-se as roupas da pessoa em seu corpo e coloca-se dentro do alguidar. Despacha-se em uma encruzilhada. A pessoa deve tomar banhos de ervas frescas e vestir-se de branco, fazendo resguardo por 24 horas.

487 - BANHO PARA ABRIR CAMINHOS

Retira-se o sumo de 12 *romãs,* coloca-se em um balde com água de rio e acrescenta-se um copo de vinho tinto, água de um coco verde, pó de *efun,* 12 pedacinhos de *ori-da-costa,* 12 colheres de mel de abelhas e um pouco de água de chuva.

Depois de banhar-se, a pessoa deve aguardar 15 minutos antes de enxagüar-se.

O banho deve ser tomado às quartas feiras, durante seis semanas seguidas; no dia em que for tomado, a pessoa deve vestir-se de branco.

13
EJIOLOGBON

488 - PARA NÃO TER A SORTE CORTADA

Fazer ebó com dois galos, duas galinhas pretas, dois preás, dois machados pequeninos, dois *acaçás*, dois tambores (miniaturas) e muitas moedas.

Passa-se tudo no corpo da pessoa, inclusive os bichos. Colocam-se os dois machados, as moedas e os dois tambores dentro do *igbá* de Exu e sacrificam-se os bichos sobre tudo. Procede-se normalmente em relação aos animais sacrificados e pergunta-se no jogo onde devem ser despachados. Os tambores, machados e moedas ficam para Exu.

489 - MEDICINA PARA QUALQUER DOENÇA

A principal medicina de *Ejiologbon* consiste em um pouco de mel que deve ficar exposto ao sol durante sete dias. Sempre que a pessoa adoecer, toma uma colher deste mel, todos os dias, em jejum.

490 - PARA CONSERVAR O PODER

Coloca-se uma *cabaça* aberta diante de Ossaim. Dentro da cabaça coloca-se um peixe fresco salpicado com pó de *efun*, faz-se *saraieiê* com uma franga carijó que em seguida é sacrifica da e esquartejada dentro da cabaça. Acrescenta-se *obi* com água e despacha-se no mato. Oferece-se a egum carne de porco assada; depois, toma-se banho com água de rosas.

491 - PARA TORNAR A VIDA MAIS LONGA

Fazer ebó com seis galinhas-d'angola, seis *tangerinas* e muitas moedas. Depois do ebó, as tangerinas são oferecidas a Orumilá.

492 - PÓ PARA SE OBTER COISAS BOAS

Passam-se rosas de diferentes cores no corpo; sacrificam-se dois pombos a Exu e depois queimam-se as rosas. Com elas, prepara-se um pó que se usa para obter coisas boas.

493 - BANHO PARA PROTEÇÃO PESSOAL

Maceram-se folhas de *cerejeira*, mistura-se com vinho seco e água de cachoeira.

494 - PARA AGRADAR E OBTER PROTEÇÃO DE OXUM

Oferecem-se a Oxum, dezesseis pedacinhos de carne bovina assada, amarrados, cada um, com 16 palhas de *mariô*.

495 - PARA LIVRAR-SE DE UM MALEFÍCIO COM AUXÍLIO DE OBATALÁ

Oferecem-se a Obatalá dois pombos brancos e um pedaço de pano branco. Passa-se o pano no corpo, deixa-se sobre o *igbá* por dezesseis dias e depois despacha-se no local determinado pelo jogo.

496 - PARA PROGREDIR COM AJUDA DE OXUM

Sacrificam-se, a Oxum, 16 pombos brancos e acendem-se 16 lamparinas com azeite doce e óleo de amêndoas. Os pombos são despachados no alto de um morro, embrulhados em panos brancos.

Cobre-se o *igbá* da Oxum com bastante folhas de *hera* e deixa-se por cinco dias, depois dos quais, prepara-se um *omieró* com o qual tomam-se três banhos. No mesmo dia oferecem-se a Oxum 16 bolos de feijão-fradinho fritos em óleo de amêndoas.

497 - PARA TRAZER AXÉ PARA CASA

Colocam-se em casa, três bandeiras: uma branca, uma vermelha e uma negra.

498 - SEGURANÇA DESTE ODU

O ebó leva uma pedra pequenina, um pedaço de couro de felino de grande porte, um chifre de bode e uma galinha. Coloca-se a pedra e o pedaço de couro dentro do chifre de bode, sacrifica-se a galinha em cima, fecha-se e está pronto o amuleto, que deve ficar pendurado atrás da porta do local que a pessoa deseja proteger.

499 - BANHO DE PROTEÇÃO

São usados um pouco de limo de rio, folhas de *flamboyant*, *quebra-mandinga*, *mil-flores*, água-de-colônia e um pouco de mel de abelhas. Tomar seis banhos em honra de Oxum e de Xangô, durante seis dias seguidos.

500 - PARA PROTEGER A CASA DE MAUS ESPÍRITOS

Saúda-se o Sol pela manhã durante dezesseis dias seguidos e fecham-se as portas de casa antes de escurecer, para impedir a entrada de maus espíritos.

501 - PARA ESPANTAR OLHO-GRANDE

Deve-se colocar atrás da porta um boneco de pano preto e dar esmolas aos pobres.

502 - PARA MELHORAR DE VIDA

A pessoa deve dirigir-se a um rio e ali, depois de banhar-se, deixar a metade da roupa que estiver vestindo, para que as águas a carreguem.

Depois disto, deve usar um amuleto feito com sete penas de *ecodidé*, que deve ser forrado com contas de Oxum, de Exu, de Iemanjá e de Orumilá.

503 - PARA LIVRAR DA MORTE UMA PESSOA INTERNADA EM HOSPITAL

Prepara-se um boneco vestido com suas roupas e faz-se o ebó dentro de sua casa, no lugar onde costuma sentar-se.

O ebó é feito com velas acesas atrás do lugar onde a pessoa senta. Usa-se *obi*, pano preto, pano branco, pano vermelho, uma galinha, folhas de *algodoeiro*, de *afomam* e de *romã*.

504 - PARA TRAZER SORTE E TRANQÜILIDADE

A pesca deve oferecer um bode para Exu. Pega-se a seguir uma pedra, envolve-se em um pedaço de couro do bode sacrificado, tosta-se ligeiramente no fogo e dá-se à pessoa como amuleto para sorte e tranqüilidade.

505 - PARA UMA MULHER TER MUITOS CLIENTES

Deve fazer ebó com seus pêlos pubianos, espalhá-las na porta de sua casa, colocar um apito em Oxum e colocar um cravo de estrada de ferro em Exu.

506 - PARA CONQUISTAR O AMOR DE UMA PESSOA

São usados um galo e um pouco de pelos de rabo de cavalo. Sacrifica-se o galo e deixa-se um pouco do sangue escorrer sobre os pelos. Depois, secam-se os pêlos, pica-se bem picado e mistura-se com azeite-de-dendê, separando uma porção para ser soprada em quem se deseja conquistar. O azeite-de-dendê com os pelos picados é oferecido a Exu.

507 - SABÃO PARA MULHERES ATRAÍREM CLIENTES

Prepara-se, amassando com as mãos, uma mistura de sabão-da-costa, alguns pelos picados de crina de cavalo, três búzios socados e feitos em pó, um pouquinho de terra da rua e dezesseis grãos de pimenta-da-costa. Depois de tudo bem misturado, coloca-se a massa dentro de um pedaço de *cabaça* e espeta-se uma pena de *ecodidé* em cima. Deixa-se diante de Exu e, sempre que preciso, toma-se banho com este sabão.

508 - BANHO DA SORTE

Folhas de *kokodi*, pelos de rabo de cavalo, sete *quiabos*, uma pena de galinha-d'angola e água de chuva. Prepara-se uma espécie de bucha embaraçando-se um carretel de linha branca, um de linha amarela, um de linha vermelha e um de linha preta. Para tomar-se o banho, coloca-se a água em uma *cabaça* grande, onde vai-se molhando a bucha feita com as linhas e esfregando-a no corpo.

509 - PARA OBTER PROTEÇÃO DE UM EGUM

A pessoa deve oferecer-lhe dois pombos e um cachimbo enfeitado com fitas de diversas cores.

510 - PARA GARANTIR BOA SORTE

A pessoa tem de fazer uma maraca com uma *cabaça* enfeitada com búzios, que deverá ser tocada diariamente para Oxum, o que garantirá a boa sorte.

511 - PARA TRAZER EXU DE VOLTA

A pessoa deve fazer ebó com duas galinhas pretas, um preá e um peixe fresco. Colocar, em um *oberó*, os axés dos bichos sacrificados fritos no dendê. Cantar e rezar orikis de Exu.

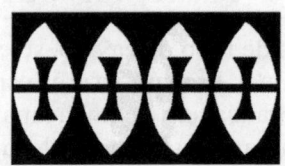

512 - TALISMÃ DE PROTEÇÃO

A pessoa tem que colocar, em Exu, um espelhinho lavado com *omieró*, atrás do qual, sacrifica-se um pintinho novo. Com o espelhinho prepara-se um talismã.

513 - PARA AGRADAR O EGUM PROTETOR

Alimenta-se o egum protetor com ambrosia, café, água, flores, *fumo* de rolo, cigarros e uma vela acesa, postos em um tronco de árvore oco, dentro de uma mata.

514 - PARA MALES DO ESTÔMAGO

Deve-se tomar caldo de tutano feito com uma folha de *cajazeira*. A pessoa tem de ir a um pé de *cana-brava*, colher a ponta de uma rama nova, colocá-la sobre seu estômago e depois jogá-la fora, pedindo a Olofin, Oxum e Orumilá que o livrem de todo o mal.

515 - PARA EVITAR QUE UM MAL ACONTEÇA

Oferece-se a Xangô um cacho de *bananas* coberto com folhas de *álamo* para que o mal que está a caminho seja evitado. Em seguida, colocam-se dois cocos pintados de *efun* no telhado da casa.

516 - PARA FICAR BEM PROTEGIDO

Ofereça *bananas*-da-terra para Xangô e comida seca para Ogum, Oxum e egum.

517 - PARA LIVRAR-SE DE OLHO-GRANDE E INVEJA

Use sempre um lenço vermelho em seu bolso e dê-o de presente a quem pedir.

518 - PARA PRENDER A SORTE JUNTO A SI

O ebó é feito com um fole, um galo, pó de preá, pó de peixe, *obi*, aguardente, azeite-de-dendê, mel de abelhas, moedas, um laço de forca e dois pedaços de lenha.

519 - PARA LIVRAR-SE DE UMA MALDIÇÃO

A pessoa tem de ficar sete dias em casa e passar no corpo um peixe fresco, um punhado de milho e um *obi*. A seguir, coloca tudo em um alguidar e manda que alguém despache na esquina mais próxima de sua casa. Acende velas para Oxum e para Omolu durante três dias seguidos.

520 - MEDICINA PARA LEUCEMIA

A pessoa deve tomar, todos os dias pela manhã, chá de folhas de manga e folhas de *jurubeba*. Depois do meio dia, tomar suco de laranja batido com a gema de um ovo.

521 - PARA OBTER UMA GRAÇA DE OBATALÁ

Oferece-se, a Obatalá, dentro de uma tigela branca, cana-de-açúcar, *efun* e água.

522 - PARA QUALQUER TIPO DE PROBLEMA

Para solucionar problemas, dá-se, a qualquer orixá, *adimu* de cana-de-açúcar e coco ralado.

523 - PARA ENGANAR A MORTE

Deve-se fazer ebó com um carneiro, um ecodidé, pano branco, pano preto e pano vermelho.

524 - PARA ATRAIR COISAS BOAS E DINHEIRO

São usados um pombo, sabão-da-costa, pó de peixe, pó de preá, pó de *efun*, azeite-de-dendê e uma *cabaça* com água de sereno. Para recolher-se água de sereno, deixa-se por várias noites, uma placa de vidro sobre uma mesinha no quintal. Pela manhã, antes do Sol sair, recolhe-se com uma esponja nova a água ali depositada pelo sereno durante a noite, espreme-se a esponja dentro de um recipiente qualquer e, assim, vai-se juntando, aos poucos, a água de sereno.

O pombo é sacrificado dentro da cabaça com água de sereno e acrescenta-se um pouco de cada ingrediente do ebó. Em seguida, mergulha-se o sabão-da-costa nessa mistura e amassa-se um pouco para que absorva a mistura. Retira-se o sabão e toma-se banho com ele. A água da cabaça é despachada na terra, aos pés de uma árvore qualquer.

525 - PARA CONQUISTAR MUITAS MULHERES

Para conseguir mulheres, oferece-se um preá dentro de uma *cabaça* a Exu. No mesmo dia, oferecem-se cinco carás a Orumilá com pó de peixe, pó de preá e cinco moedas. Despacha-se no mesmo dia, dentro de uma mata.

Depois disto, a pessoa limpa-se com bofe de boi, amarra o bofe com uma fita preta e pendura no galho de uma árvore qualquer.

526 - PARA RESTABELECIMENTO DA SAÚDE

Pegam-se 13 espigas de milho verde e passam-se todas no corpo da pessoa doente. As espigas são assadas em um braseiro e, depois de arrumadas em um alguidar, são temperadas com azeite-de-dendê, pó de peixe, pó de preá, mel de abelhas, ori-da-costa derretido, aguardente e vinho tinto. Deixa-se durante sete dias nos pés de Exu e despacha-se em uma mata.

527 - PARA A SAÚDE

Procede-se da mesma forma que no ebó anterior, substituindo-se as espigas de milho por treze pedaços de *inhame* assados com casca. Este procedimento é mais indicado para quando não existe a possibilidade de se passar as coisas no corpo da pessoa, pois pode ser feito sem a sua presença.

528 - PARA AFASTAR A MISÉRIA

Leva-se a pessoa para um lugar pantanoso ou próximo de um lamaçal e ali, cobre-se a pessoa com um saco de estopa, enfiando-o em seu corpo pela cabeça por cima da roupa. Pega-se um pedaço de bofe bovino e esfrega-se na pessoa. Em seguida, tira-se o saco de seu corpo, coloca-se o bofe dentro dele, rasgam-se as roupas com que a pessoa esteja vestida e coloca-se dentro do saco. Amarra-se a boca do saco bem amarrada e atira-se dentro do pântano ou lamaçal. Chegando em casa todas as pessoas têm que tomar banho de ervas (*levante, boldo, colônia e cascaveleira*) e defuma-se a casa e as pessoas com incenso de igreja.

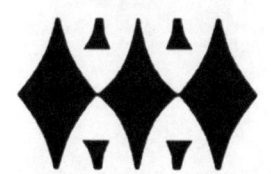

529 - TRABALHO PARA SEPARAR UM CASAL

Pegam-se dois cocos secos, fura-se, retira-se a água e coloca-se dentro deles os seguintes ingredientes:

Primeiro coco: O nome de uma das pessoas, 13 gotas de baunilha, 13 pedras de açúcar-cândi, 13 pedacinhos de *efun*, 13 colherinhas de mel e um pouquinho de água benta. Este coco, depois de fechado, é pintado por fora com *efun*.

Segundo coco: O nome da outra pessoa, 13 gotas de óleo de rícino, 13 pedras de sal grosso, 13 pedrinhas de carvão vegetal, 13 colherinhas de amônia e urina. Este coco é pintado com carvão depois de fechado.

Amarram-se os dois cocos e deixa-se diante de Exu de um dia para o outro com uma vela preta e outra branca acesas. No dia seguinte, levam-se os cocos amarrados a um lugar alto e joga-se ribanceira abaixo para que se separem ou se rompam.

530 - PARA CONSEGUIR DINHEIRO

Pegam-se treze moedas, passa-se no corpo da pessoa e deixa-se dentro do *igbá* de Exu durante treze dias. Depois, a pessoa pega as moedas, coloca no bolso, vai a uma igreja e dá de esmola ao primeiro mendigo que encontrar.

14

IKÁ MEJI

531 - PARA RESOLVER DIFICULDADES

Para resolver dificuldades, por este caminho dá-se uma galinha branca para Iemanjá e um frango a Exu.

532 - SEGURANÇA EM IKÁ MEJI

Colocam-se, atrás da porta, dois chifres de boi carregados com pó de raiz de *paineira*, pó de madeira de *jequí*, folhas de *pega-pinto*, pó de cabeça de bode, favas de *bejerecum*, obi ralado, *osun*, *orobô* e 21 búzios em cada um.

533 - PARA RESOLVER PROBLEMAS DE ORDEM FINANCEIRA

Oferecem-se oito *ecurus* a Obatalá e um galo com pó de preá, pó de peixe e milho para Exu. Primeiro passa-se tudo no corpo, além de dois pombos brancos que são soltos com vida.

534 - PARA OBTER UMA GRAÇA DE EXU

Para obterem-se favores de Exu por este caminho, apresenta-se a ele um galo, que só se sacrifica depois de três dias.

535 - AXÉ DE SEGURANÇA

São usados raspa da proa de um barco, varredura do convés, raspa de uma bóia sinaleira e *ierosum* rezado do Odu. Tudo é misturado e colocado dentro de uma panelinha de barro. Esta segurança deve ser apresentada ao arco-íris sempre que ele apareça.

536 - MEDICINA DE PREVENÇÃO CONTRA O CÂNCER

Para prevenir o câncer, toma-se chá de folhas verdes de tabaco, chimarrão e *abacateiro*.

537 - PARA TIRAR CARREGO DE EGUM

Toma-se banho de água com um pouco de aguardente para tirar o carrego.

538 - PARA EVITAR QUEDAS

A pessoa tem de despachar à porta de casa com farinha de acaçá diluída em água fresca para evitar quedas.

539 - PARA QUE UM SACERDOTE NÃO MORRA

Quando um sacerdote está ameaçado de morte (*osogbo Iku*), sua cabeça tem de comer codorna ou galinha-d'angola branca, para que não morra. Coloca-se, em Xangô ou em Orumilá, uma cabeça humana entalhada em *cedro*.

540 - EBÓ PARA DINHEIRO

O ebó leva um galo, uma faca nova com bainha, folhas de nijé, folhas de *sálvia*, um cabrito e duas galinhas para Exu.

541 - EBÓ PARA VENCER NUMA EMPREITADA

São usados um galo, dois pombos, os sapatos que a pessoa calça, uma tenaz, uma tesoura, agulhas, alfinetes, pó de preá e pó de peixe.

542 - EBÓ DE TROCA PARA ENGANAR A MORTE

São usados um bode, um galo, uma galinha-d'angola branca, uma cabeça de madeira, diversos tipos de cereais, muitas moedas, pano branco, pó de preá, pó de peixe, *obi*, *orobô*, pimenta-da-costa, fava de *aridan*, *efun*, *osun* e *uáji*.

Este ebó deve ser feito em uma casa que tenha quintal de terra e na sua confecção é exigida a presença do maior número possível de pessoas. Terminado o ebó, cava-se um buraco na terra e ali são sacrificados os animais e depositados todos os ingredientes do ebó, com exceção da cabeça de madeira, que deverá ser posta no *igbá* de Xangô ou de Orumilá. Quando fica determinado que deverá ficar com Orumilá, deve-se observar o procedimento anteriormente descrito. Se tiver que ficar com Xangô, tem que comer duas galinhas-d'angola junto com ele.

543 - SEGURANÇA EM IKÁ MEJI

A segurança deste Odu come com egum e sua carga é: raiz de *abóbora*, pó de sementes de *abóbora*, *ierosum* rezado do Odu, cabeça de galinha, cabeça de pombo, um pedaço de galho de *tamarineira* e raiz de *iroco*.

Rezam-se todos os dezesseis *Odu-Meji*. Come, junto com o egum da casa, tudo o que ele comer.

544 - PARA FORTALECER A CABEÇA

A pessoa tem que tomar bori com um peixe pargo grande, na boca do qual se coloca um *orobô* e dois *obis*.

545 - PARA OBTER PROTEÇÃO DE EGUM

Leva-se a pessoa a um cemitério e passa-se em seu corpo um ramo de flores que, em seguida, é depositado sobre uma sepultura. No momento em que se passam as flores na pessoa, pede-se a proteção dos eguns para ela.

546 - PARA ADQUIRIR PODER

Faz-se ebó com dois pombos, dois panos brancos, *efun*, *osun*, uáji, *bejerecum*, *obi* e *orobô*.

547 - PATUÁ DE SEGURANÇA

Passa-se um morcego seco no peito e nas costas da pessoa. Coloca-se o morcego em um saquinho com *bejerecum*, *obi*, *orobô*, folhas de *tarumã*, pó de madeira de *cuaba*, *comigo-ninguém-pode* e 21 formigas grandes. Este patuá come galo com Exu uma vez por ano. Sempre que comer, faz-se a seguinte rogação:
"Iká Fefe, Iká mi owo, Iká mi xe Ilê, iba mi texe adifafun Oluwo, owo tinxe omó Olofin."

548 - TRABALHO PARA SALVAR UMA CRIANÇA *ABIKÚ*

Sacrifica-se uma codorna a Oxum, torra-se e faz-se pó. Pegam-se folhas verdes de *iroco*, *cascaveleira* e *alfavaca* graúda e retira-se o sumo. Rala-se um *obi*, um pouco de chifre de carneiro e junta-se tudo, acrescentando ainda, pó de *pimenta-da-costa*. Durante sete dias, fazem-se com este preparado, sete linhas verticais no corpo da criança.

549 - PARA RETIRAR UMA PRAGA OU MALDIÇÃO

A pessoa tem de dar comida à sua sombra, mas, antes disto, deve-se dar-lhe um banho com *omieró* de folhas de Ifá (vide o glossário).

550 - PARA GARANTIR O NASCIMENTO DE UMA CRIANÇA ABIKÚ

A mulher grávida tem que fazer ebó com três ovos de galinha, rasgar e despachar a roupa que estiver vestindo e amarrar um guizo de metal na cintura até o dia em que der à luz.

Coloca-se uma *cabaça* na porta e amarra-se um galo em um lugar qualquer. Quando o galo cantar, sacrifica-se o mesmo para Exu dentro da cabaça. Despacha-se nas águas de um rio, pedindo a proteção de Egbe Emeré.

551 - TRABALHO PARA VENCER OS ARAJÉS

Acende-se um fogareiro de brasas de carvão e coloca-se na porta de casa. Abana-se bem até que as brasas fiquem bem vivas e, então, vai-se jogando água por cima até que fiquem completamente frias. Enquanto vai saindo fumaça, reza-se este Odu.

552 - EBÓ PARA ADQUIRIR PODER

São usados três galos, três abelhas, um pedaço de forro de uma cadeira velha, pano branco, pano vermelho, *efun*, *osun*, *obi*, pó de peixe, pó de preá, azeite-de-dendê, aguardente. Depois de terminado o ebó, oferece-se um *inhame* ao chão da casa.

553 PARA LIVRAR-SE UMA DOENÇA

Para livrar-se de uma doença, deve-se fazer ebó com um galo e uma garrafa de aguardente que são oferecidos a uma estrada qualquer. Depois de fazer este ebó, a pessoa deve permanecer sem sair à rua durante sete dias.

554 - EBÓ PARA ABRIR CAMINHO

Três pombos, dois *ecodidés*, uma bengala, dendê, mel, aguardente e *efum*. Passa-se tudo na pessoa e sacrificam-se os pombos sobre a bengala; depois; deixa-se escorrer sobre ela um pouco de azeite-de-dendê e colam-se as penas da ave. Os ecodidés são colocados para Oxum e a bengala é entregue à pessoa para que a guarde ou a use.

555 - EBÓ DE LIMPEZA

São usados um galo, um pombo, pano vermelho e pano branco. Passam-se as aves no corpo da pessoa e sacrifica-se o galo para Exu. O pombo é solto com vida. Limpa-se a pessoa com os panos, usando primeiro o vermelho e depois o branco. Amarra-se o carrego com os panos; ele é despachado nas águas de um rio.

556 - EBÓ PARA ABRIR CAMINHOS

São usados um galo branco, dois pombos brancos, uma roupa usada e suada, uma roupa nova e limpa, pelos de uma cabra, aguardente, azeite-de-dendê e mel. Passam-se os bichos na pessoa e oferece-se a Exu. Os pombos são soltos com vida. Com os pelos de cabra misturados com *dandá-da-costa* ralado, defuma-se a pessoa depois do banho.

557 - PARA CONSEGUIR UMA GRAÇA COM AJUDA DE OBATALÁ

Apresentam-se dois filhotes de pombo a Obatalá. O sangue é oferecido às quatro esquinas próximas de casa; as carnes são cozidas, cobertas, com massa de *ecuru* e arriadas para Obatalá. Espalha-se *ecuru* nos cantos da casa.

558 - PARA TIRAR EGUM DE DENTRO DE CASA

Salpica-se água com perfume dentro de casa para expulsar um egum obsessor.

559 - PARA LIVRAR-SE DA PERSEGUIÇÃO DE UM EGUM

A pessoa sente uma profunda nostalgia ocasionada por um egum que se aproxima dela. Para livrar-se deste problema, deve lavar o rosto com água onde macerou pétalas de três rosas brancas.

560 - PÓ PARA EVITAR PROBLEMAS COM O SEXO OPOSTO

São usados *efun*, pó de peixe, pó de preá e *ierosum*. Os pós são misturados e rezados no *opon* com Oxetura e Iká Meji; depois, coloca-se dentro de um recipiente qualquer. As mulheres misturam com pó-de-arroz e os homens com talco de toucador. Deve-se usar quando se for ao encontro da pessoa amada.

561 - TRABALHO PARA DERROTAR OS ARAJÉS

Dentro de uma panela de barro colocam-se os nomes dos arajés escritos a lápis em uma folha de papel de embrulho que já tenha sido usada. Sobre o papel coloca-se pó de madeira de *cuaba*, *pau-de-resposta*, *comigo-ninguém-pode*, cinza de carvão, um pedaço de carvão meio queimado, borra de café, sal grosso e três tipos de pimenta. Enche-se com banha de porco derretida e coloca-se uma mecha que se acende. Quando a mecha apagar, coloca-se a panela em um buraco na terra e sacrifica-se uma galinha em cima. Deixa-se no local onde foi enterrado.

562 - PARA RESOLVER QUALQUER PROBLEMA COM A AJUDA DE OLOCUM

São usados um galo, três frangas, dois pombos, uma pedra pequena, areia da praia, água do mar, pano preto, vários tipos de madeiras sagradas (saber no jogo quais são), *melão-de-são-caetano*, *cascaveleira*, *lotus*, folhas de *figueira-santa*, *oripepe*, aguardente, três velas, pó de preá, pó de peixe, azeite-de-dendê, milho seco, carne de cabra e moedas.

Passam-se os pombos na pessoa diante de Olocum; os corpos são enterrados e os crânios, depois de secos, são colocados sobre o *igbá* de Olocum.

563 - SABÃO DE DEFESA

A pessoa tem de preparar um sabão branco ao qual acrescenta folhas de *tarumã*, pó de crânio de galinha-d'angola, pó de *bejerecum* e *obi* ralado, para tomar banho sempre que sentir necessidade.

564 - TRABALHO PARA ADQUIRIR TUDO O QUE DESEJAR

A pessoa tem de fazer sacudimento com dois pombos brancos. Faz-se um círculo na terra com quatro cores (preto, vermelho, azul e branco), usando-se, para isto, carvão, *efun*, *osun* e *uáji*; coloca-se a pessoa dentro do círculo e faz-se o sacudimento com os pombos, que são sacrificados para *Ilê*. Pergunta-se no jogo onde serão despachados.

565 - PATUÁ DE DEFESA EM IKÁ MEJI

Prepara-se um pó com *ierosum*, pó de marfim e pó de crânio de galo que deve ser rezado com Iká Meji; o pó é colocado em um saquinho e andar sempre no bolso da pessoa.

566 - PARA GARANTIR BEM-ESTAR

Cobre-se a sombra da pessoa com um pano branco e oferece-se a ela, sobre o pano, a comida que a pessoa mais aprecia. Isto assegura o bem-estar da pessoa. Depois disto, a pessoa tem de tomar banhos com *amaci* de flores de *algodoeiro*, *botão-de-ouro*, *trombeta-branca*, *pára-raio*, pó de *efun* e um pouco de aguardente.

Para que a sorte seja completa, lava-se a cabeça da pessoa com ramas de *cabaceira*, folhas de *bucha vegetal* e *melão-de-são-caetano*.

567 - SEGURANÇA DO ODU

Dentro de uma *cabaça* colocam-se pêlos de macaco, água do mar, água de rio, mel e folhas de *artemísia*. A cabaça fica pendurada dentro do quarto da pessoa.

568 - EBÓ PARA ADQUIRIR PODER

São usados um galo preto, um eruqueré preto, flores, um ofâ, terra de casa, pó de preá, pó de peixe, *efun*, *osun* e *uáji*. Passa-se na pessoa o galo, o eruqueré e as flores. Sacrifica-se o galo e coloca-se tudo em Exu.

569 - EBÓ PARA ADQUIRIR FORTUNA

São usados um galo, um pombo, um botezinho de marfim, dois talos de *sálvia*, dois galhos de *algodão*, *efun*, *osun*, *uáji*, pó de peixe, pó de preá e várias moedas.

Despacha-se na beira de um rio; o botezinho fica com a pessoa para ser usado como amuleto.

570 - PÓ PARA APLACAR FOGO UTERINO

Para acalmar o fogo uterino, prepara-se um pó com folhas de *louro* que deve ser polvilhado na vagina.

571 - PARA VENCER UMA SITUAÇÃO QUALQUER

Arreiam-se três carás para Exu nos pés de um *loureiro*.

572 - PÓ DE IKÁ MEJI

O pó deste Odu tanto serve para o bem quanto para o mal. É feito com raspa de tronco e de raiz de *loureiro* e pimenta-da-costa em pó. Depois de rezado no tabuleiro, fica sempre diante de Exu.

573 - TRABALHO PARA CURAR FOGO UTERINO

São usados uma tigela com areia da praia, uma com *osun* e outra com *uáji*; pêlos pubianos da mulher, um *inhame* seco, dois galos, uma corrente, diversos tipos de cereais, muitas moedas e um peixe pargo.

Pinta-se todo o corpo da mulher com osun e *uáji* e depois despeja-se em cima a areia do mar. Em seguida, pegam-se os pelos pubianos e coloca-se um pouco em cada tigela com pedaços do inhame seco; coloca-se um pouco de cada cereal dentro das tigelas; sacrificam-se os galos, deixando o sangue correr dentro delas; embrulha-se tudo nas roupas que a mulher estava vestindo na hora do ebó e enrola-se a corrente em volta do embrulho. A mulher, depois de tomar um banho de ervas (folhas de *louro*), é recolhida para um *bori* onde o peixe é oferecido à sua cabeça. O ebó é despachado na praia.

No momento em que o corpo da mulher é pintado e recebe a areia, canta-se:

"Iaya olo onan oruba,
Ina unló ade obó Iyámapon."

574 - SEGURANÇA DE EXU NOS CAMINHOS DE IKÁ MEJI

Prepara-se um *xeré* de *cabaça* para ficar junto com o Exu da pessoa. Dentro deste xeré vai terra do alto de uma montanha, pó de madeira de louro, folhas de *louro*, *pimenta-da-costa*, sete *tentos-de-exu* e sete elos de corrente.

575 - PARA PEGAR GRAVIDEZ

São usados um galo, folhas de *cajazeira*, vidro moído, um pombo, duas *cabaças*, feijão de casca vermelha, *mandioca* e *inhame* picados. Passam-se os ingredientes no corpo da mulher e arruma-se dentro de uma das cabaças. Dentro da outra, coloca-se o vidro moído e sacrificam-se os dois pombos. O galo é para Exu. As duas cabaças são despachadas no alto de uma montanha.

576 - EBÓ SECRETO DESTE ODU

São usados um galo, uma galinha, um pombo, uma galinha-d'angola, roupas usadas de todos os filhos da pessoa, terra de sua casa, água do mar, água de rio, pano branco, pano azul, pano vermelho, pano estampado, pó de preá, pó de peixe, azeite-de-dendê, milho vermelho e muitas moedas.

577 - PARA APAZIGUAR EXU

A pessoa cobre seu Exu com folhas de Ifá (vide o glossário) e o leva à rua. Quando volta, macera as folhas que não caíram do *igbá* e lava Exu com este *omieró*.

578 - PARA DOENÇAS DO PEITO

Para problemas do peito, prepara-se um licor de sumo de beterraba. Mistura-se o sumo de beterraba e mel em porções iguais e toma-se uma colher de sobremesa pela manhã, ao meio dia e à noite.

579 - EBÓ PARA ESPANTAR NEGATIVIDADE

Quando este Odu aparece negativo em uma consulta, cobre-se Exu com folhas que depois se despacha para a rua. Em seguida, deve-se oferecer comida para ele.

580 - PARA MELHORAR DE VIDA

Oferecem-se sete ovos de galinha para egum e sete para o orixá da pessoa. Forram-se todos os orixás com um tapete de folhas de *sensitiva*. Pegam-se sete panos de cores diferentes e todos os dias passam-se os mesmos no corpo, antes de falar com qualquer pessoa. Depois de sete dias, despacha-se cada um em um lugar diferente como igreja, praça, praia, rio, estrada, montanha, mata, árvore etc.

581 - PARA OBTER UMA COISA IMPOSSÍVEL

Coloca-se leite cru com *ori-da-costa* e *efun* dentro de um vaso, leva-se embaixo do Sol e se pede o que se deseja. Depois pega-se o conteúdo do vaso e, com ambas as mãos, esfrega-se no rosto como se o estivesse lavando.

582 - TRABALHO PARA QUE UMA PESSOA DEIXE DE FALAR DEMAIS

Quando a pessoa estiver dormindo, passa-se em sua boca um ovo de galinha-d'angola e um pouco de folhas de *sensitiva*. Pergunta-se a que orixá deve ser oferecido.

583 - PARA DESMANCHAR UM FEITIÇO

Para livrar-se do mal, a pessoa tem que tomar um banho de *amaci* com *anil*, *lírio*, *mamona-branca*, *acaçá*, milho moído e mel. Depois deste banho, tem de tomar três banhos com folhas de *álamo* durante três dias alternados. Tem que colocar para Xangô quatro acaçás; em cada um deve colocar um grão de milho e regar bem com dendê e mel de abelhas. Depois de quatro dias, deve despachar em uma mata.

584 - PARA OBTER UMA GRAÇA DE OGUM

Neste caminho agrada-se a Ogum com três *obis*, sendo que um é untado com mel, o outro com *ori-da-costa* e o terceiro com azeite-de-dendê. Coloca-se cada obi dentro de uma *cabaça* cheia de milho e deixa-se por sete dias diante do orixá, com três velas acesas. No sétimo dia despacha-se uma cabaça com o seu respectivo obi em uma mata; no dia seguinte, outra cabaça e, no terceiro dia, a última. As cabaças com os obis são despachadas no mesmo lugar.

No dia em que for despachada a terceira cabaça, dá-se, às quatro esquinas do quarteirão em que a pessoa mora e à porta de sua casa, um *acaçá* coberto com pó de preá, ó de peixe, mel, dendê e um punhado de milho seco.

585 - PARA DEFENDER A CASA DA AÇÃO DAS *AJÉS*

A pessoa tem de colocar sobre o telhado da casa um pedaço de carne de vaca, pó de preá, pó de peixe e um punhado de milho. Quando fizer a oferenda ao telhado da casa, reza-se:
"Arodidé Odideman, arodidé Odideman.
Orixá Obiarukó, ojó Odideman, didé didé Odideman.
Oxaguian ojó Odideman, didé didé Odideman.
Obatalá, ojó Odideman, didé didé Odideman.
Obalufón, ojó Odideman, didé didé Odideman.
Oxá Burukú, ojó Odideman, didé didé Odideman.
Ofun lerí, ojó Odideman, didé didé Odideman.
Iku, ojó Odideman, didé didé Odideman.
Arun, ojó Odideman, didé didé Odideman.
Ofo, ojó Odideman, didé didé Odideman.
Ejó, ojó Odideman, didé didé Odideman.
Ina, ojó Odideman, didé didé Odideman.
Oxa Purú, ojó Odideman, didé didé Odideman.
Ofun Leri Odideman."

15

OBEOGUNDA

586 - PARA ESPANTAR *IKÚ*

Para espantar a morte, oferecem-se 16 carás a Olofin; durante 16 dias fazem-se rogações e dorme-se com um gorro verde e branco.

587 - PARA ENFERMIDADES NAS PERNAS

Sacrificam-se duas codornas para Xangô. Com os corpos, retiradas as cabeças, faz-se um pó que deve ser misturado ao sumo de *alecrim* para ser friccionado nas pernas. As cabeças das aves ficam no *igbá* de Xangô.

588 - DISPOSITIVO DE DEFESA PESSOAL

A pessoa tem de preparar um dispositivo de defesa em honra de seu orixá, que é feito da forma que se segue: pegam-se três lenços, sendo um branco, um amarelo e um azul; amarram-se uns aos outros pela pontas e deixa-se em cima do santo, usando-se sempre que houver necessidade.

589 - SEGURANÇA DESTE ODU

Coloca-se dentro de uma *cabacinha*: terra de quatro esquinas, um pouco de lama do fundo de um rio e uma pedrinha retirada do mesmo rio. Sacrifica-se uma galinha sobre a cabacinha e coloca-se o fetiche atrás da porta.

590 - EBÓ PARA VENCER *IKÚ*

São precisos carne bovina, *igbin* e pó de preá. Passa-se tudo na pessoa ameaçada; coloca-se o pedaço de carne entre seus pés, diretamente sobre a terra; puxa-se o *igbin* (vide o glossário) em cima e cobre-se com o pó de preá. Este ebó tem que ser feito à noite e é deixado no local onde for feito.

591 - PARA TIRAR NEGATIVIDADE DE DENTRO DE CASA

Para tirar o *osogbo* deste Odu, sopra-se água por três vezes e depois aguardente, também por três vezes, na porta de casa.

592 - MEDICINA PARA A IMPOTÊNCIA

Para a impotência toma-se chá de folhas de *yila* com *pau-de-resposta* e *obi* ralado.

593 - PARA PIGARRO E COCEIRAS NA GARGANTA

Para acabar com a coceira que sente na garganta, a pessoa deve fazer gargarejos de folhas de *sansan* com a água da quartinha de Oxum.

594 - PARA TER PAZ EM CASA

Para assegurar a tranqüilidade e a segurança da casa, devem-se colocar dois cascos de *igbin* atrás de sua porta e hastear uma bandeira branca dentro ou fora de casa.

595 - PARA DESTRUIR ALGUMA COISA

Pega-se um ovo de pavão-real e faz-se nele um furo pequeno pelo qual se introduzem sete grãos de pimenta-da-costa, uma pitada de sal de *sardinha* e sete gotas de azougue. Quebra-se o ovo no local que se quer destruir.

596 - PARA PROTEÇÃO DA CASA E DO CORPO

Passa-se um pombo no peito da pessoa e por toda a casa, cantando:
"Shenshe biku, biku Lorun,
egum Orun Iku awalode.
Orumilá bawá, Orumilá mawá."
Depois disto, sacrifica-se o pombo ao teto da casa e a pessoa toma banho com folhas de *alfavaca*, *amapola*, *oripepe* e *afoman*.

597 - SEGURANÇA EM OBEOGUNDÁ

São precisos ori pikotó, um pedaço de couro de felino de grande porte, um pedaço de uma casa de marimbondo ou de vespa, pó de preá, pó de peixe, dendê, milho seco e dezesseis penas de *ecodidé*. Arruma-se tudo dentro de uma panela de barro com tampa e adorna-se com as penas de *ecodidé*. Fica dentro de casa, em um canto qualquer.

598 - EGUM QUE SE ASSENTA NESTE CAMINHO

Monta-se um boneco cujo tamanho corresponda à distância compreendida dos pés à cintura da pessoa. O boneco é carregado com as cabeças de três pintos de peru, marfim, pele de felino, minhocas, cabeça de pavão, o pênis de um cachorro preto, cabeças de dois peixes, abelhas, um osso de mulher, cabelos de uma mulher morta, *ecodidé*, morcego, folhas de *bredo*, de *guaco*, de *anil*, de *pinhão-roxo*, *cardo-santo*, *iroco*, e *ébano*. Come carneiro e cágado.

599 - PARA EVITAR DOENÇAS EPIDÊMICAS

Tem-se de colocar uma bandeira preta e branca atrás da porta para evitar a epidemia que vem por baixo da terra e que ataca as vias respiratórias.

600 - TRABALHO PARA DERROTAR OS INIMIGOS

Para derrotar seus *arajés*, a pessoa tem de pegar todos os seus utensílios de vidro ou de louça que estejam lascados ou estalados, colocá-los na esquina e rega-los com aguardente.

601 - TRABALHO PARA DOENÇAS NAS PERNAS

É usada uma franga arrepiada. O *igbá* de Exu é colocado ao lado de um cano qualquer e a franga, depois de passada nas pernas do interessado, é sacrificada encostada aos seus joelhos, sobre o assentamento.

602 - PARA DOENÇAS DA CABEÇA

Prepara-se um *omieró* de folhas de *sálvia* para lavar-se a cabeça da pessoa. Pega-se em seguida um galo caipira, oferece-se à cabeça da pessoa e solta-se vivo.

603 - TRABALHO PARA A CABEÇA

São usados um galo caipira e um pedaço de coral triturado. Sacrifica-se o galo para Xangô, deixando o sangue escorrer sobre a cabeça da pessoa antes de cair no *igbá* onde se coloca o coral triturado.

604 - PARA ESTABILIDADE DA CASA

Neste Odu, leva-se Ogum para o quintal e sacrifica-se um frango para ele; despeja-se por cima azeite-de-dendê quente e depois água fresca. Deixa-se três dias do lado de fora. Este trabalho serve para que a casa da pessoa não seja desfeita.

605 - EBÓ PARA GARANTIR UM *IRÊ*

São usados um galo, um pombo, uma corrente, milho e moedas. O galo é para Exu; o pombo, para Ogum. Pergunta-se no jogo para quem ficam a corrente e as moedas.

606 - TRABALHO PARA A IMPOTÊNCIA

Passa-se um pênis seco de touro no corpo da pessoa; sacrifica-se um cágado sobre o pênis do touro, em cima de Xangô. Raspa-se o mesmo, mistura-se com vinho seco e ovo de gansa. Toma-se um cálice pela manhã.

607 - PARA READQUIRIR O INTERESSE PELA VIDA

A pessoa tem de tomar três banhos, sendo um por dia.
O primeiro banho, tomado no corpo inteiro (inclusive a cabeça), é feito com folhas de *verdolaga*, tabaté, *afomam*, *canela-sassafrás*, *ayo*, folhas de *yá*, de *cajazeira* e *carrapeta*.

O segundo, tomado do pescoço para baixo, é feito com folhas de *cascaveleira*.

O terceiro é feito com folhas e flores de *onze-horas*, é tomado no corpo todo, incluindo a cabeça.

608 - PARA ATRAIR A BOA SORTE

Para que venha a sorte, coloca-se um cesto com frutas embaixo da cama e, no dia seguinte, despacha-se no mato. Em seguida, oferece-se uma espiga de milho à qual não falte nenhum grão e sacrifica-se um preá para Exu.

609 - PARA TER UMA VIDA FELIZ COM A PROTEÇÃO DE EXU

Leva-se Exu a uma mata e, debaixo de um pé de *acácia*, sacrifica-se-lhe um galo.

610 - TRABALHO PARA TIRAR ALGUÉM DA PRISÃO

Coloca-se um preá vivo dentro de uma gaiola com um pedaço de papel branco onde se escreveu, por sete vezes, o nome completo do preso e sua data de nascimento. A gaiola fica ao lado de Exu, sobre uma tábua onde se riscaram e rezaram os Odus através dos quais Orumilá engana a justiça dos homens: Oxetura, Otruponbará e Iretelogbe. Esta *Atena Ifá* deve ser marcada com pó de *efun* misturado com aguardente; por cima joga-se pó de *três pimentas-da-costa*. Durante três dias acende-se uma vela para Exu, pedindo a libertação do preso. No terceiro dia pega-se a gaiola, leva-se até a porta de uma prisão e solta-se o preá com vida.

I I	I I I	I I
I I I I	I I I I	I I
I I	I I I	I I I
I I I	I I I I	I I
Oxetura	Otruponbara	Iretelogbe

611 - TRABALHO PARA DERROTAR OS INIMIGOS

Pega-se uma lata com tampa e coloca-se, no seu interior, algumas pedrinhas pequenas e papéis com os nomes dos inimigos escritos sete vezes cada um. Durante três dias, à meia-noite em ponto, sacode-se a lata como se fosse um chocalho diante de Exu, com uma vela acesa, pedindo-se a derrota dos inimigos.

No terceiro dia, depois de tocar o chocalho diante de Exu, toca-la novamente na porta de casa e, em seguida, joga-se o chocalho no meio da rua. Este trabalho pode ser feito em qualquer Odu de Ifá.

612 - PARA RESTABELECER A SAÚDE FINANCEIRA

Para melhorar a sua situação financeira, a pessoa deve passar em seu próprio corpo sete moedas e depois colocá-las na entrada de uma igreja para que alguém as encontre.

613 - AXÉ DE SEGURANÇA

São precisos uma quartinha de boca larga, um ramo seco, terra de cupinzeiro, lama de rio e do mar; folhas de *saião*, *cascarilha*, orquídea, *pega-pinto* e *erva-de-cobra*; pó de cabeça de pombo, de cabeça de pato, de cabeça de galo, de cabeça de codorna, de cabeça de gavião e de cabeça de periquito. Enfeita-se a quartinha com contas pretas e amarelas alternadas.

614 - PARA QUE OGUM AJUDE EM UMA DEMANDA

A pessoa tem de oferecer pó de preá, pó de peixe e azeite-de-dendê para Ogum.

615 - PARA LIVRAR-SE DE UMA ACUSAÇÃO IMPUTADA

Deve-se oferecer um cágado e um galo para Xangô e depois colocar *amalá* bem quente direto dentro do *igbá*. Despacha-se, depois de três dias, no lugar indicado pelo jogo.

616 - PARA CONTORNAR UMA GRANDE DIFICULDADE

Faz-se ebó com um galo, um arpão, um anzol, uma vara de pesca e um samburá. Todos os elementos utilizados no ebó são levados ao mar e entregues a Olocum.

617 - EBÓ PARA TER PAZ E PROGRESSO

Um galo, folhas de *abiweré*, ferramentas de trabalho, água do mar, areia da praia, um pedaço de arrecife, *osun*, *uáji*, *efun*, *obi*, *orobô*, pó de preá, pó de peixe e muitas moedas.

618 - PARA QUE NENHUM MAL ENTRE EM CASA

A pessoa tem de bater folhas de *bredo* sem espinhos na porta de casa e depois sacrificar um galo para ela.

619 - PARA QUE OXUM PROTEJA DE MALEFÍCIOS

A pessoa tem de fazer ebó com uma galinha de cor, que depois é cozida e levada para um rio. Na volta, a pessoa toma banho com *omieró* feito com cinco diferentes ervas da Oxum (vide o glossário).

620 - PARA OBTER A PROTEÇÃO DE UM EGUM

Neste Odu devem-se sacrificar, de vez em quando, três pombos para egum.

621 - EBÓ PARA A PROSPERIDADE

São usados um galo, duas galinhas, embiras, uma cesta, um otá. A pessoa entra no local onde vai ser feito o ebó com o galo e as duas galinhas pendurados nos seus ombros, amarrados pelos pés com as embiras. A cesta com a pedra dentro tem que estar sobre sua cabeça. Coloca-se tudo no chão e procede-se ao ebó normalmente.

622 - TRABALHO PARA CALAR A BOCA DOS INIMIGOS

Pega-se uma língua bovina, espetam-se nela 21 agulhas e pendura-se em um pé de *iroco*, dizendo que ali ficam secando as línguas dos inimigos e pedindo a Xangô que se livre das mesmas.

623 - TRABALHO PARA O AFASTAMENTO

Para afastar uma pessoa neste Odu, pega-se um peixe fresco, tempera-se com muita *pimenta-da-costa* moída e oferece-se a egum em nome da pessoa.

624 - TRABALHO PARA O BEM

Para trabalhar para o bem, pega-se um peixe fresco, passa-se dendê, *ori-da-costa* e pó de *efun*; limpa-se o corpo da pessoa diante de egum, cantando:
"Egum Baraniku,
Iku Bawá ebanijé awayara,
Iku lade are egum
Agujerun awalere."
Depois disto, oferece-se o peixe a egum com *inhame* assado, milho torrado e *amalá ilá*.

625 - PARA LIVRAR ALGUÉM DA MORTE

Para livrar uma pessoa da morte, passa-se no seu corpo: nove velas, nove pedaços de carne bovina, nove pedaços de coco seco, nove pedaços de panos de cores diferentes e uma boneca de pano. Despacha-se no cemitério.

Faz-se a seguir uma cerimônia como se fosse um axexê, com tudo o que a pessoa tiver quebrado ou rasgado dentro de sua casa; faz-se um círculo de cinzas ao redor desses objetos, marca-se este Odu e sacrificam-se duas pombas fêmeas em cima.

626 - PARA DESCOBRIR OS INIMIGOS OCULTOS

Neste Odu, quando alguém quiser saber quem são seus inimigos, deve pegar um prato branco e acender seis velas dentro dele. Quando as velas terminarem, a cera derretida deixará formado o rosto do inimigo.

627 - TRABALHO PARA SE CONQUISTAR A FELICIDADE

Pega-se uma cabra pequena e, com um pano vermelho, faz-se *saraieiê* na pessoa. O bicho é solto com vida na beira de um rio, com o pano amarrado ao pescoço.

628 - PARA CONSEGUIR DINHEIRO

Prepara-se um pirão de farinha de milho branco, tempera-se com mel e coloca-se um *ekó*. Come-se um pouquinho e arreia-se o restante do lado direito da porta de casa. Despacha-se no dia seguinte no local determinado pelo jogo.

629 - EBÓ PARA ABRIR CAMINHO

Pega-se um pombo branco, amarra-se um pedacinho de fita branca na perna direita e outro de fita vermelha na esquerda, passa-se na pessoa e solta-se com vida.

Para que este ebó surta efeito, antes de fazê-lo, tem-se que colocar pó de preá para egum e oferecer-lhe uma *cabaça* com aguardente e uma vela acesa.

630 - PARA TIRAR ALGUÉM DE DENTRO DE CASA

São usados folhas de corredeira secas, folhas de trevo, pó de carvão mineral, uma lagartixa, um pedaço de pele de sapo seca e penas de andorinha. Torra-se tudo e faz-se um pó que deve ser soprado nas costas da pessoa ou colocado dentro de seus sapatos.

16

ALAFIA

631 - PARA TIRAR FEITIÇO DE DENTRO DE CASA

Coloca-se no telhado da casa uma *cabaça* com *acaçá* e folhas de *saião*, embrulhada com pano vermelho. Despacha-se no sétimo dia.

632 - PARA DESMANCHAR UMA AMARRAÇÃO

Faz-se um boneco de pano recheado com a varredura da casa da pessoa, suas unhas e um pouco dos seus cabelos; coloca-se em uma caixa forrada com panos de sete cores diferentes e enterra-se tudo nos pés de um *iroco*.

633 - SEGURANÇA EM ALAFIA

Pega-se um pedaço de galho de *tamarindo*, retira-se a casca e forra-se todo com contas do orixá da pessoa. Na ponta de baixo prende-se um saquinho de pano nas cores do orixá, dentro do qual coloca-se pó de cabeça de peru, de galinha-d'angola, de pombo, de codorna, de cágado, de coruja, *ierosum* rezado e 21 folhas litúrgicas de qualquer orixá.

Na parte de cima coloca-se outro saquinho com cinco penas de aves diferentes; pó de peru, de galinha-d'angola, de pombo, de codorna e de galo; e um chocalho de cascavel.

634 - BANHO DE LIMPEZA DE CORPO

Tomam-se 16 banhos feitos com *erva-de-são-domingos*, pó de *efun* e a clara de um ovo, para tirar negatividades trazidas neste Odu.

635 - PARA ADQUIRIR SORTE E FORTUNA

Para assegurar a sorte e a fortuna, nunca deve faltar, no *igbá* de Xangô, orobô, *bejerecum* e folhas de *abiu roxo*. Coloca-se um ramo de folhas de abiu roxo preso atrás da porta de casa.

636 - PARA EVITAR QUE O MAL ENTRE EM CASA

Coloca-se uma *cabaça* com cachaça, mel e um ovo de galinha atrás da porta. Depois de 16 dias, despacha-se nos pés de uma árvore bem grande.

637 - PARA ASSEGURAR BOA SORTE

Primeiro, sopra-se um pouco de aguardente nos quatro cantos da casa e um pouco na porta da rua. Colocam-se doces nos quatro cantos da casa, para que as formigas venham comer e tragam boa sorte com elas.

638 - PARA ACABAR COM PERSEGUIÇÃO DE EGUM

Faz-se um ebó com a sombra da pessoa interessada, oferecendo-lhe três alguidares: um com dendê, outro com água e o terceiro com um pouco de sangue de boi pego em um matadouro.

Coloca-se para Ogum uma *cabaça* com água, uma com aguardente e outra com mel. Risca-se o Odu no chão e salpica-se, por cima, água, aguardente e mel.

639 - AXÉ DE SEGURANÇA

Pega-se um alguidar pequeno e pinta-se, por dentro, com *efun*. Sacrifica-se um frango para Exu e coloca-se dentro do alguidar com sete grãos de milho, sete formigas pretas, sete grãos de *pimenta-da-costa* e um pouco de raspa de casco de cavalo. Cobre-se com tabatinga e deixa-se ao lado de Exu. Todos os anos oferece-se um frango para ser comido junto com Exu.

640 - SEGURANÇA PARA UMA CASA DE CANDOMBLÉ

Tem-se de enterrar um Axé de segurança no bairro e um outro idêntico dentro de casa.

Os Axés são preparados dentro de duas panelas de barro em cada uma das quais se coloca: um pedaço de madeira de *iroco*, um de *akoko* e um de *amendoeira*; quatro pedrinhas recolhidas em quatro esquinas, uma pedrinha recolhida dentro do mato, pelos e ossos de felinos, uma aranha caranguejeira, um escorpião, um casco de caramujo do mar, um olho de gato, um de cachorro, um de cágado, um de codorna, cabeça e vísceras de galo, cabeça e vísceras de coruja, um marimbondo, raspa de chifre de veado, terra do meio da linha férrea, espinhos de ouriço caixeiro, três *ikins*, *obis*, *orobôs*, *ierosum* rezados deste Odu, uma pedra de raio e tabatinga.

Montam-se os dois axés com a forma de cabeças humanas; acrescentam-se três cravos de porta em cada um deles e sacrifica-se um cágado, um preá e um galo de pescoço pelado.

Com os axés dos bichos sacrificados e um pedacinho de cada madeira acima relacionada, confecciona-se um patuá de bolso para andar sempre com o dono da casa.

Depois de sacrificados os animais, enterram-se as seguranças, uma em um lugar qualquer distante de casa e a outra no quintal.

641 - TRABALHO PARA QUE A PESSOA NÃO SEJA PRECIPITADA

Faz-se ebó com um galo, um galho de *jamo* e *alfavaca* graúda; depois do ebó, o galho de jamo deve ser pendurado atrás da porta da pessoa.

642 - EBÓ PARA MELHORAR A VISÃO NO JOGO

São usados cinco pombos marrons, cinco *cabaças* pequenas, *obi* e areia de rio. Sacrificam-se os pombos e coloca-se uma cabeça em cada cabaça. Os corpos são despachados e as cinco cabaças são deixadas em casa; uma delas se enche com água de rio e se salpica esta água nos cantos da casa e na porta de entrada. Depois disto, despacham-se as cinco cabaças nas águas de um rio.

643 - PARA APAZIGUAR AS *IAMI AJÉ*

Sacrifica-se um pombo preto às Ajés da forma que se segue: inscreve-se um círculo no chão; coloca-se no meio um alguidar com o signo de atura Meji riscado no fundo; coloca-se dentro do alguidar um carvão vegetal em brasa, acende-se uma vela ao lado, sopra-se em cima um pouco de aguardente, rezam-se os dezesseis Meji, sacrifica-se o pombo e se diz:

"Odolofun, odolowa ke bogbo arajé ofo tokun leri."

644 - PARA RECEBER UMA GRAÇA DE ORUMILÁ

Colocam-se em Orumilá sete bolos de carne bovina com pó de preá, pó de peixe e farinha de milho. Deixa-se durante sete dias e depois se despacha em um rio com sete moedas.

645 - PARA OBTER UM FAVORECIMENTO DE IBEJI

Oferecem-se dois frangos de leite a Ibeji. Depois prepara-se com os animais sacrificados um arroz de frango, que deve ser comido somente por crianças.
Colocar um saquinho com folhas de *figueira-do-inferno* atrás da porta de casa.

646 - BANHO DE LIMPEZA EM ALÁFIA

Maceram-se folhas de *cascaveleira*, de *afomam* e de *verdolaga*; tomam-se 16 banhos com este omieró.

647 - RECEITA PARA FORTALECER A CABEÇA

Quando este Odu surge em uma consulta trazendo osogbo, a pessoa para quem saiu deve lavar a cabeça com folhas de *ekisan*, *afomam*, folhas e farinha de *inhame*.

648 - PARA CONTAR COM A AJUDA DE OIYÁ CONTRA *OSOGBO IKU*

Oferece-se uma galinha arrepiada a Oiá e, com suas vísceras, limpa-se o ventre e o peito da pessoa. A galinha é arriada diante de Oiá e depois é despachada, junto com as vísceras bem regadas com dendê, dentro de um cemitério.

649 - PARA RESOLVER PROBLEMAS COM O AUXÍLIO DE EXU

Para resolver problemas de difícil solução, coloca-se em Exu um pedaço de *bambu* ou de *cana-brava*.

650 - PARA AFASTAR PRAGA DE ABIKÚ

A pessoa tem que fazer ebó de limpeza com *ori*, *efun*, carne de vaca, peixe, milho seco e mel; despachar no mato em nome de Odudua e Omolu.

651 – PARA AFASTAR MÁ INFLUÊNCIA DE EGUM

Para despachar egum e sua má influência, a pessoa tem de fazer ebó com diferentes tipos de legumes bem picados, depois do qual suas roupas são rasgadas no seu corpo, tendo que ficar completamente nua. Depois do ebó tem que tomar banho de folhas de *cascaveleira*.

Este ebó leva uma franga e três pedaços de carne bovina que, depois de passados no corpo da pessoa, são embrulhados nas suas roupas rasgadas, regados com bastante aguardente e despachados em uma mata.

652 - SEGURANÇA PARA DENTRO DE CASA

Pega-se um ramo de folhas de *sálvia*, embrulha-se em um pano branco e prende-se atrás da porta.

653 - PARA VENCER UMA QUESTÃO JUDICIAL

Oferece-se um melão dividido ao meio para Ogum e Iemanjá. Na metade endereçada a Ogum coloca-se pó de peixe defumado, pó de preá defumado, pó de *efun* e ori-da-costa; coloca-se em cima de Ogum, de boca para baixo, e cobre-se com pano branco.

A parte de Iemanjá é entregue de boca para cima, coberta com pano vermelho.

654 - PARA ENGANAR IKÚ

Tem-se de fazer um boneco cujo tamanho seja correspondente a distância exata dos joelhos ao coração da pessoa. Os braços e pernas do boneco têm de ser articulados e dentro dele se colocam cabelos da pessoa, unhas, roupas suadas, pó de preá, pó de peixe, milho, uma pedra de raio pequena, um pedaço de madeira de *ipecacuanha* e suas folhas, um pedaço de pau de *goiabeira*, um pedaço de galho de *yaya* folhas de *tabaco*, favas de *bejerecum*, *obi*, *orobô*, raiz de *iroco* e raiz de *cajazeira*. Este boneco deve permanecer na casa de Exu e ser despachado depois de três meses.

655 - PARA DEFENDER UMA PESSOA DA MORTE

A pessoa tem de colocar junto do *igbá* do seu santo um boneco de pano feito com suas próprias roupas. Dentro deste boneco colocam-se cabelos da pessoa, *bejerecum*, *obi* e *orobô*. Veste-se com *mariô*.

656 - PARA FORTALECER UM ORIXÁ

Faz-se uma coroa com dezesseis *ecodidés* e coloca-se sobre o *igbá* do orixá, seja qual for.

657 - PARA VENCER UMA GUERRA

O segredo deste Odu é pegar dois charutos, amarrá-los juntos, enrolá-los bem com fita vermelha e colocá-los dentro do assentamento de Exu. Uma vez por semana, acende-se outro charuto e sopra-se a fumaça por três vezes dentro de Exu. O charuto aceso é despachado nos pés de uma *palmeira*.

Quando a pessoa tiver uma guerra com alguém, pega os charutos envolvidos com a fita vermelha, prende neles um papel com o nome de seus inimigos, passa no corpo e despacha na encruzilhada.

658 - PARA TER A PROTEÇÃO DE UM CABOCLO

Para que um caboclo fique parado na porta da casa da pessoa dando proteção, deve-se colocar uma pedra atrás da porta para que ele se assente. Uma vez por ano, a pessoa tem que sacrificar um galo branco sobre essa pedra.

659 - SEGURANÇA DESTE ODU

São usados uma fava *olho-de-boi*; *pau-de-resposta*; cabeça de pica-pau, de fradinho (pássaro) e de gavião; *pau-ferro*, *vence-demanda*, *pára-raio*, folhas de *carrapeta*, *abre-caminho*, *obi* e *orobô*. Come galinha d'angola e galo.

660 - PARA APAZIGUAR EXU

Corta-se um acaçá ao meio, rega-se com azeite-de-dendê e oferece-se a Exu.

661 - PARA AFASTAR A MISÉRIA

Fazer ebó com um galo, uma galinha e um pombo. Os bichos são passados na pessoa, sacrificados e depois comidos por todos os que estiverem na casa. Os ossos, as penas e todos os restos são colocados em uma lixeira e deixados na frente de casa.

662 - PARA QUE EXU TRABALHE

Coloca-se em Exu um galho de *álamo* com três cascos de *igbin* e três chocalhos de cascavel amarrados.

663 - PARA OBTER AJUDA DE UMA ENTIDADE ORIENTAL

Coloca-se a clara de um ovo em um copo, apresenta-se a Olorum e oferece-se a um espírito oriental para que ajude a pessoa.

664 - PARA EVITAR A SEPARAÇÃO DE UM CASAL

Para salvar um casamento, oferece-se um pombo às cabeças do marido e da mulher. Na mesma noite os dois têm de fazer sexo.

665 - PARA QUE A PESSOA SEGURE A LÍNGUA

Faz-se ebó com uma língua bovina temperada com cânhamo e milho seco e oferece-se um pombo branco à cabeça.

666 - PARA A MULHER, QUE NÃO SEGURA A GRAVIDEZ, TER FILHOS

A mulher que desejar ter filhos e que não consegue segurar a gravidez, deve oferecer, nas águas de um rio, uma cabaça dentro da qual tem que colocar 16 *obis*, 16 favas de *bejerecum*, 16 *acaçás* e diversos tipos de cereais crus. Tudo é coberto com muito pó de osun e azeite-de-dendê. A cabaça é fechada e entregue, nas águas do rio, a *Egbe Eleriku*, fazendo-se a seguinte reza:

"Mãe, proteja-me e eu irei ao rio.
Não permita a Abiku entrar em minha casa.
Mãe, proteja-me, eu irei ao rio.
Não permita que uma criança maldita venha à minha casa.
Mãe, proteja-me, eu irei ao rio.
Não permita que uma criança estúpida siga-me até minha casa.
Olugbon morreu e deixou filhos no mundo.
Aresá morreu e deixou descendência.
Olukoyi morreu e deixou descendência.
Não permita que eu morra sem ter tido filhos.
Eu não posso morrer de mãos vazias, sem descendentes."

NOMES DOS ODUS NO MERINDILOGUN E EM IFÁ

Nome do Odu no merindilogun	Identificação pela caída no jogo de búzios	Correspondência em Ifá e respectivos nomes	Ordem de chegada
Okanran Meji	01 búzio aberto	Okanran Meji	8°
Ejioko	02 búzios abertos	Oturukpon Meji	12°
Etaogunda	03 búzios abertos	Ogunda Meji	9°
Irosun Meji	04 búzios abertos	Irosun Meji	5°
Oxe Meji	05 búzios abertos	Oxe Meji	15
Obara Meji	06 búzios abertos	Obara Meji	7°
Odi Meji	07 búzios abertos	Odi Meji	4°
Ejionile	08 búzios abertos	Eji Ogbe	1°
Osa Meji	09 búzios abertos	Osa Meji	10°
Ofun Meji	10 búzios abertos	Ofun Meji	16°
Owónrin Meji	11 búzios abertos	Owónrin Meji	6°
Ejilaxebora	12 búzios abertos	Iwori Meji	3°
Ejiologbon	13 búzios abertos	Oyeku Meji	2°
Iká Meji	14 búzios abertos	Iká Meji	11°
Obeogunda	15 búzios abertos	Irete Meji	14°
Alafia	16 búzios abertos	Otura Meji	13°

CONFIGURAÇÕES INDICIAIS DOS ODUS EM IFÁ

1 - Eji Ogbe
```
I  I
I  I
I  I
I  I
```

2- Oyeku Meji
```
I  I    I  I
I  I    I  I
I  I    I  I
I  I    I  I
```

3- Iwori Meji
```
I  I    I  I
I       I
I       I
I  I    I  I
```

4- Odi Meji
```
I     I
I  I  I  I
I  I  I  I
I     I
```

5- Irosun Meji
```
I     I
I     I
I  I  I  I
I  I  I  I
```

6- Owórin Meji
```
I  I  I  I
I  I  I  I
I     I
I     I
```

7- Obara Meji
```
I        I
I  I  I  I
I  I  I  I
I  I  I  I
```

8- Okanran Meji
```
I  I    I  I
I  I    I  I
I  I    I  I
I       I
```

9- Ogunda Meji
```
I     I
I     I
I     I
I  I  I  I
```

10- Osá Meji
```
I  I  I  I
I     I
I     I
I     I
```

11- Ika Meji
```
I I    I I
 I      I
I I    I I
I I    I I
```

12- Oturukpon Meji
```
I I    I I
I I    I I
 I      I
I I    I I
```

13- Otura Meji
```
 I      I
I I    I I
 I      I
 I      I
```

14- Irete Meji
```
I I    I I
 I      I
I I    I I
 I      I
```

15- Oxe Meji
```
 I      I
I I    I I
 I      I
I I    I I
```

16- Ofun Meji
```
I I    I I
 I      I
I I    I I
 I      I
```

Atenção: Somente babalaôs podem utilizar as marcas acima relacionadas na confecção de ebós. Para tanto, é necessário um procedimento ritualístico que somente aqueles sacerdotes estão iniciaticamente habilitados a fazer.

GLOSSÁRIO DAS ERVAS LITÚRGICAS CONTIDAS NESTE TRABALHO

NO TEXTO	NOME CUBANO	NOME CIENTÍFICO	FAMÍLIA	NOME IORUBÁ	NOME BRASILEIRO
Abá	Yeye-wakikà	Spondias lutea	Anacardiáceas	Òkikà	Cajazeira
Abacate/abacateiro	Aguacate	Persea americana	Lauráceas	N.I.	Abacate
Aberé	Diamela	Quisqualis indica	Oleáceas	Abéré	Jasmim-da índia
Aberikolo	Abirinkolo	Crotalaria retusa	Leguminosas	Abirikolo	Cascaveleira
Abey macho*	Abey macho	Peltophorum adnatum	Cesalpináceas	N.I.	N.I.
Abiu roxo	Asan ou osan	Chrisophilum cainito	Sapotáceas	Òsanko	Abiu-roxo/ Abiu-do-Pará
Abiwéré*	Abiwéré	Ybanthus ennespermum	Violáceas	Abìwéré	N.I.
Abóbora	Chayote	Cucurbita spp	Cucurbitáceas	Olègèdè	Abóbora
Abre-caminho	Tribulillo	Lygodium spp	Esquizáceas	N.I.	Abre-caminho
Acácia	Acacia	Acacia spp	Leguminosas	Ewon adele	Acácia
Açacu	Salvadera	Huras crepitan	Euforbiáceas	Erú búje	Açacu
Açucena	Ver Taparaco				
Adama	Àlmacigo	Bursera simaruba	Burceráceas	N.I.	Almecegueira
Adebesú*	Tengue	Poepiggia procera	Cesalpináceas	N.I.	N.I.
Afomam*	Afoman	Ficus liprieri	Moráceas	Áfòmó àpé	Afomam
Agbe*	Agbe	Echinopus longifolius	Compostas	Àgbé	N.I.
Agogo funfun	Campana	Datura fastuosa	Solanáceas	Dagírí dobo	Trombeta branca
Agrião	Berro	Nasturtium officinale	Crucíferas	N.I.	Agrião
Aguapé	Ver Gofio				
Aipo	Perejil	Apium graveolens	Umbelíferas	N.I.	Aipo
Aje*	Aje	Erva lanata	Amarantáceas	Ajé	Erva Lanata
Ajekobale	Frailecito	Codiatum variegatum	Euforbiáceas	Ajé kobalè	Croton

NO TEXTO	NOME CUBANO	NOME CIENTÍFICO	FAMÍLIA	NOME IORUBÁ	NOME BRASILEIRO
Akoko	Akoko	Newboldia laevis	Bignoniáceas	Akòko	Acocó
Álamo	Ver Figueira-santa				
Alcaparra	N.I.	Capparis spinosa	Caparidáceas	N.I.	Alcaparra
Alecrim	Romero	Rosmarinus officinalis	Labiadas	N.I.	Alecrim
Alevante	Ver Levante				
Alface d'água	Flor-de-água	Pistia stratiotes	Aráceas	Ojú oró	Erva-de-santa-luzia
Alfavaca	N.I.	Ocimum gratissimum	Labiadas	N.I.	Alfavaca, Quioio
Alfavaca-do-campo	Abahaca	Ocimum basilucum	Labiadas	N.I.	Alfavaca-do-campo
Alfavaca-preta	Abahaca morada	Ocimum viride	Labiadas	Efinrín	Alfavaca-de-cheiro
Algodão	Algodón	Gosspyum spp	Malváceas	Òwú	Algodoeiro
Almecegueiro	Ver Adama				
Altéia	Ver Bere				
Alumã	Rompe-saraguey	Vernonia bahiensis	Compostas	Ewúro jije	Alumã
Amansa-guapo*	Amansaguapo	Gymnanthes albicans	Euforbiáceas	N.I.	N.I.
Amapola	Marpacífico	Hibiscus spp	Malváceas	Wonjo	Hibisco, Graxa-de-estudante
Amati*	Amati	Tephrosia elegans	Leguminosas	Àmàti	N.I.
Amendoeira	Almendro	Terminalia cattapa	Combretáceas	Idí	Amendoeira-da-india
Amó	Yerba Fina	Mentha arvensis	Labiadas	N.I.	Hortelã
Angélica	N.I.	Angelica archangelica	Umbelíferas	N.I.	Angélica
Anileira	Añil	Indigofera anil	Leguminosas	Èlu àja	Anil-do-mato
Anis-estrelado	N.I.	Illicium verum	Umbelíferas	N.I.	Anis-estrelado
Aperta-ruão	N.I.	Piper aduncun	Piperáceas	N.I.	Aperta-ruão
Arabá	Araba	Ceiba pentandra	Bombacáceas	Àrábà	Sumaúma
Araticum-de-praia	N.I.	Anona reticulata	Anonáceas	N.I.	Araticum-de-praia
Aridan	Aidan	Tetrapleura tetraptera	Leguminosas	Àrídan	Aridan
Arnica	N.I.	Solidago microglossa	Compostas	N.I.	Arnica-de-jardim
Aroeira	Copal	Schinus herebinthifolius	Anacardáceas	N.I.	Aroeira-roxa
Artemisia	Artemizia	Artemisia vulgaris	Compostas	N.I.	Artemisia
Asan ou Osan	Ver Abiu-roxo				

NO TEXTO	NOME CUBANO	NOME CIENTÍFICO	FAMÍLIA	NOME IORUBÁ	NOME BRASILEIRO
Asiami	Papa	Solanum paniculatum	Solanáceas	Ikan wéwé	Jurubeba
Assafétida	Assafétida	Ferula asa foetida	Umbelíferas	N.I.	Assafete
Atiponla	Atiponla	Boerhavia paniculata	Mictagináceas	Ètipònolá	Pega-pinto/ E. tostão
Ayo*	Guacalote	Cesalpinia crista	Leguminosas	Ayò	Taray
Azedinha	N.I.	Begonia spp	Bignoniáceas	N.I.	Azedinha
Babosa	Babosa	Aloe vera	Liliáceas	Ipólerin	Babosa/ Aloes
Baleeira	Ver Baria				
Bambu	Bambu	Bambusa vulgaris	Gramíneas	Dankó	Bambu
Banana-da-terra	Boniato	Musa sapientium	Musáceas	Ògèdè	Banana-da-terra
Barbatimão	N.I.	Stryphnodendron barbatimao	Leguminosas	N.I.	Barbatimão
Baria	Varia	Cordia verbenacea	Tiliáceas	N.I.	Erva-baleeira
Bayeku*	Bayeku	N.I.	N.I.	N.I.	N.I.
Bejerecum	Erú	Xylopia aromatica	Anonáceas	Èrú	Bejerecum
Beldroega	Beldroega	Portulaca oleracea	Portulacáceas	N.I.	Beldroega
Bere*	Aguinaldo-de-pascuas	Rivea corymbosa	Convolvuláceas	Òfèrè gàmú	Altéia
Betis-cheiroso	N.I.	Piper eucalyptifolium	Piperáceas	Ewé boyi	Betis-cheiroso
Boldo	Boldo	Coleus barbatus	Labiadas	N.I.	Tapete-de-oxalá
Botão-de-ouro	Boton-de-oro	Abutilon hirtus	Malváceas	Òfin	Botão-de-ouro
Bradamundo*	N.I.	Mentha silvestris	Labiadas	N.I.	Bradamundo
Bredo	Bledo	Amaranthus spinosus	Amarantáceas	Tètè elégùn	Bredo espinhoso
Bredo-branco*	Bledo-blanco	Amaranthus viridis	Amarantáceas	Tètè pupa	Bredo
Bucha vegetal	Estropajo	Luffa cylindrica	Cucurbitáceas	Kànrinkàn	Bucha
Buchinha-do-norte	N.I.	Luffa acutangula	Cucurbitáceas	Òrirà	Bucha-de-purga
Cabaceira/ Cabaça	Guiro	Crescentia cujete	Bignoniáceas	Igbá	Cabaceira/ Cabaça
Caferana	N.I.	Picrolema pseudo coffea	Simarubáceas	N.I.	Caferana
Caguanguaco*	Parami	Hamelia patens	Rubiáceas	N.I.	Canela-de-veado
Cajá	Ver Abá				

NO TEXTO	NOME CUBANO	NOME CIENTÍFICO	FAMÍLIA	NOME IORUBÁ	NOME BRASILEIRO
Cambará	N.I.	*Lantana camara*	Verbanáceas	Àbitólá	Cambará
Camomila	N.I.	*Matricaria chamomilla*	Compostas	N.I.	Camomila
Cana-brava	Canela santa	*Costus spicatus*	Zingiberáceas	Tètèrègún	Cana-do-brejo
Cana-da-índia	N.I.	*Cana coccinea*	Canáceas	Idófin	Cana-da-índia
Cana-de-açúcar	N.I.	*Saccharum officinarum*	Gramíneas	N.I.	Cana
Canafistula	N.I.	*Cassia fistula*	Leguminosas	N.I.	Canafistula
Canela	Canela	*Cinnomamum zeylanicum*	Lauráceas	N.I.	Canela
Canela-sassafrás	N.I.	*Laurus sassafraz*	Lauráceas	N.I.	Canela-sassafrás
Cânhamo	Marijuana	*Cannabis sativa*	Moráceas	Igbó	Maconha
Cansanção	Chichicrate	*Jatropha urens*	Couforbiáceas	Èsigalà	Cansanção-de-leite
Cará	Ñame volador	*Discorea spp*	Discoreáceas	Ewùrà	Cará
Cardo-santo	Cardo-santo	*Cnicus benedictus*	Compostas	N.I.	Cardo-santo
Carnícula	Ver Ayo				
Carobinha	N.I.	*Jacaranda brasiliana*	Bignoniáceas	N.I.	Carobinha, Caroba
Carqueja	Kikan / okikan	*Baccharis trimera*	Compostas	N.I.	Carqueja
Carrapeta	Yamagua	*Guarea trichilioides*	Meliáceas	Olófun	Gitó
Carvalho*	Carvajo	*Terminalia retundifolia*	Arpulífera	Àfà	Carvalho
Cascarilha	Cascarilla	*Croton eluteria*	Euforbiáceas	Ajè kòbàlè	Croton, Quina aromática
Cascaveleira	Abirikolo	*Crotolaria retusa*	Leguminosas	Abirikolo	Cascaveleira
Catiguá*	Catiguá	*Trichilia catingua*	Meliáceas	Pàpá	Catiguá
Catuaba	Jiba	*Anemopayma arvense*	Eritroxiláceas	N.I.	Catuaba
Cauda-de-raposa	N.I.	*Amaranthus caudatus*	Amarantáceas	N.I.	Rabo-de-raposa
Cavalinha	N.I.	*Equisetum arvense*	Equisetáceas	N.I.	Cavalinha
Cedro	Cedro	*Cedrela odorata*	Meliáceas	N.I.	Cedro-caiarana
Celidônia	N.I.	*Chelidonium majus*	Papaveráceas	N.I.	Erva-andorinha
Cerejeira	Cerezo	*Prunus cerasus*	Rosáceas	N.I.	Cerejeira
Chimarrão	Mate	*Illex paraguariensis*	Ilicíneas	N.I.	Erva-mate
Choupo	Chopo	*Populus nigra*	Salicínias	N.I.	Choupo
Cipreste	Ciprés	*Cupressus pyramidalis*	Coníferas	N.I.	Cipreste

NO TEXTO	NOME CUBANO	NOME CIENTÍFICO	FAMÍLIA	NOME IORUBÁ	NOME BRASILEIRO
Côco	Coco	*Cocos nucifera*	Palmáceas	Àgbón	Côco-da-Bahia
Colônia	N.I.	*Alpina speciosa*	Zingiberáceas	N.I	Colônia
Comigo-ninguém-pode	Dicha	*Dieffenbachia picta*	Aráceas	N.I	Comigo-ninguém-pode
Coroa-de-espinhos	Cardón	*Euphorbia milii*	Euforbiáceas	Orò alaidán	Coroa-de-cristo
Corredeira	Corre-corre	*Euphorbia pellulifera*	Euforbiáceas	Efunlè	Corredeira
Cróton	*Ver Cascarilha*				
Cuaba*	Cuaba blanca	*Amyris balsamifera*	Rutáceas	N.I.	Sândalo-da-índia
Cuaba-preta*	Tarro de Chivo	*Erithalis fruticosa*	Terebintáceas	N.I.	N.I
Cundiamor*	Cundiamor	N.I.	Cucurbitáceas	N.I.	N.I
Dandá-da-costa	Coquito	*Fuirena umbellata*	Ciperáceas	Akogbégi	Tiririca
Dendezeiro	*Ver Marió*				
Diamela	*Ver Aberé*				
Dobradinha-do-campo*	Malva Blanca	*Waltheria americana*	Malváceas	Òpá eméré	Dobradinha-do-campo
Dormideira (1)	Papoula	*Papaver somniferum*	Papaveráceas	N.I.	Papoula
Dormideira (2)	Dormidera	*Mimosa pudica*	Leguminosas	Patonmó	Sensitiva
Douradinha-do-campo	N.I.	*Palicourla rigida*	Malváceas	Imí ológbó	Douradinha
Dubué*	Malvaté	*Corchorus siliquosus*	Tiliáceas	Ooyo àjé	Malva
Dundun	Dundun	*Kalanchoe brasiliensis*	Crassuláceas	Òdúndún	Folha-da-costa
Ébano*	Sapote	*Dyospiros ebenaster*	Erbanáceas	Igi dúdú	Ébano
Edé	Artemizia	*Artemisia vulgaris*	Compostas	N.I.	Artemísia
Ekisan	*Ver Kikan*				
Eram malú	N.I.	N.I.	N.I.	Eram malú	N.I.
Erva-cidreira	N.I.	*Melissa officinalis*	Labiadas	N.I.	Melissa
Erva-cimarrona*	Yerba cimarrona	*Mouriri acuta*	N.I.	N.I.	N.I.
Erva-de-cobra	Guaco	*Mikania cordifolia*	Compostas	Òjè dúdú	Erva-de-cobra
Erva-de-passarinho	N.I.	*Struthanthus flexicaulis*	Lorantáceas	N.I.	Erva-de-passarinho
Erva-de-são-domingos	Canutillo/Ewé karodo	*Comelina elegans*	Comelináceas	Ìlèkè òpòló	Unha-de-gato

NO TEXTO	NOME CUBANO	NOME CIENTÍFICO	FAMÍLIA	NOME IORUBÁ	NOME BRASILEIRO
Erva-de-são-joão	N.I.	Agerattum corrysoides	Compostas	Isúmi ure	Erva-de-são-joão
Erva-de-santa-luzia	Ver Alface d'água				
Erva-lanata	Ver Aje				
Erva-moura	Yerba Mora	Solanum americanum	Solanáceas	Ègùnmọ̀	Maria-preta
Erva-tostão	Atiponlá	Boerhavia hirsuta	Nictaginácea	Ètipọ́nọlá	Pega-pinto
Esogi*	Caguairán	Hymenaea torrei	Cesalpináceas	N.I.	Copal-da-índia
Espinafre	Jobo	Spinacea oleracea	Quenopodiáceas	N.I.	Espinafre
Espinheira-santa	Espiñera-santa	Maytenus ilicifolia	Celastráceas	Ìsépolóbun	Espinheira-santa
Espinheiro	Uña de gato	Mimosa sepepiaria	Leguminosas	Paidimó	Espinheiro maricá
Esporinha	Espuela de caballero	Delphinium ajacis	Ranunculáceas	N.I.	Esporinha
Eucalipto	N.I.	N.I.	N.I.	N.I.	Eucalipto
Ewé amúwàgùn*	N.I.	Acalypha omata	Euforbiáceas	Ewé amúwàgùn	N.I
Ewe nijé	Escoba-amarga	Partenium histerophorus	Compostas	N.I.	N.I.
Eweyeye	Ver Cajá				
Ewefin	Ver Alfavaca-do-campo				
Exeweré*	Boton-de-oro	Abutilon hirtum	Malváceas	Ọfin	Botão-de-ouro
Exin	Maloja	Cucurbita pepo	Cucurbitáceas	Eṣin	Folha da aboboreira
Feijão-fradinho*	Frijole carita	Vigna sinensis	Leguminosas	Ewé	Feijão-fradinho
Feijão-vermelho*	N.I.	Lablab vulgaris purpureus	Leguminosas	Ewẹ́ pupa	Feijão-vermelho
Fendebillo*	Yamagua-yamão	Guarea trichilioides	Meliáceas	Ọfùyé	Gitó
Figueira	Higuera	Ficus carica	Moráceas	Àba odán	Figueira-comum
Figueira-brava	Ficus benjamina	Ficus benjamina	Moráceas	Odán	Figo-benjamim
Figueira-do-inferno	Chamico	Datura stramonium	Solanáceas	Elégé	Figueira-do-inferno
Figueira-santa	Ofá/Álamo	Ficus religiosa	Moráceas	Odán adétè	Figueira-santa
Flamboyant	Flamboyant	Delonix regia	Leguminosas	Ògun bẹ̀rẹ̀kẹ̀	Flamboyant
Flor-de-água	Ver Alface d'água				
Folha-da-fortuna	Dundun	Bryophyllum pinnatum	Crassuláceas	Àbámodá	Saião
Folha-do-fogo	Ver Ina				

NO TEXTO	NOME CUBANO	NOME CIENTÍFICO	FAMÍLIA	NOME IORUBÁ	NOME BRASILEIRO
Frescura	Ver Rumatã				
Fruta-pão	Fruta-del-pán	Artocarpus incisa	Moráceas	Burefu	Fruta-pão
Fumo	Ver Tabaco				
Gameleira-branca	Ver Jagüey				
Gengibre	Jenjibre	Zinziber officinalis	Zingiberáceas	Atalẹ̀	Gengibre
Gergelim	Ajonjoli	Sesamum indicum	Pedaliáceas	Yànmọti	Gergelim
Gofio	Gofio	Nimphea alba	Ninfeáceas	N.I.	Nenúfar – Aguapé
Goiabeira	Guaiaba	Psidium guayava	Mirtáceas	Àtòri	Goiabeira
Golfão	Ver Gofio				
Graviola	N.I.	Anona muricata	Anonáceas	N.I.	Graviola
Guacalote	Ver Ayo				
Guaco	Guaco	Mikania spp	Compostas	Ọjẹ dúdú	Coração-de-jesus
Guaxima-do-mangue	Musenguene	Sida spp	Malváceas	N.I.	Guaxima-do-mangue
Guna	Ver Açacu				
Hera	Yedra	Hedera helix	Araliáceas	N.I.	Hera
Hortelã-pimenta	Yerba-buena	Mentha piperita	Labiadas	N.I.	Hortelã-pimenta
Ibajo	Ibajo	Melia azedarach	Dioscoriáceas	Ekẹ́ òynbó	Pára-raio
Imbaúba	N.I.	Cecropia palmata	Moráceas	Àgbaó	Imbaúba
Ina	Ortiguilla	Clidemia hirta	Melastomatáceas	Iná	Folha-do-fogo
Inhame	Ñame	Colocasia esculenta	Aráceas	Iṣu	Inhame
Ipê-amarelo	N.I.	Abebuia spp	Bignoniáceas	N.I.	Ipê-amarelo
Ipecacuanha	Ver Moro				
Iro	Ver Flor-de-água				
Iroco	Iroko	Chlorophora excelsa	Moráceas	Ìrókò	Iroco
Irosum*	Irosun	Baphia nitida	Leguminosas	Ìròsùn	Gameleira
Isako	Perejil	Apium graveolens	Umbelíferas	N.I	Aipo

NO TEXTO	NOME CUBANO	NOME CIENTÍFICO	FAMÍLIA	NOME IORUBÁ	NOME BRASILEIRO
Itamo-real*	Itamo-real	*Pedilanthus tithimaloides*	Euforbiáceas	Aperejo	Dois-amores
Iúca	N.I.	*Yuca filamentosa*	Liliáceas	N.I.	Iúca
Jabuti-membeca*	N.I.				Jabuti-membeca
Jagüey	Jaguey	*Peperomia pelucida*	Piperáceas	Rinrin	Gameleira-branca, Iroco
Jamo*	Flor-de-mangue	*Ficus maxima*	Moráceas	N.I.	Flor-do-mangue, Cansanção
Jarrinha	Ver Tuko	*Capropus erecta*	N.I.	N.I.	
Jenipapo	N.I.	*Genipa americana*	Rubiáceas	N.I.	Jenipapo
Jequi	Ver Soro				
Jequitibá-rosa	N.I.	*Curatalis legalis*	Lecitidáceas	N.I.	Jequitibá-rosa
Jia*	Jia manzanilla	*Ximenia americana*	Olacáceas	Igo	Espinheiro-da-ameixa
Jiba*	Jiba	*Eurytroxilon havanensis*	Eritroxiláceas	N.I.	N.I
Jiquí	Ver Soro				
Jurubeba	Ver Asiami				
Karodo*	Canutillo	*Comelina elegans*	Comelináceas	Àtòjò àtèrun	Maria-mole
Kekeriongo*	Bejuco lañatero	*Gouiania polygama*	Ramnáceas	Ifósi	N.I.
	Bejuco-de-cuba				
	Jaboncillo				
Kikan	Ver Carqueja				
Kisiambolo	Ver Arosá				
Koko arirá*	Xicá	*Xantosoma sagitofolium*	Aráceas	kòkò àrìrà ojà	Chicá
Kokodi*	Kokodi	*Meibomia barbata*	N.I.	N.I.	N.I.
Kunino*	Amansa-guapo	*Gylmnanthes albicans*	Euforbiáceas	N.I.	N.I.
Kuye	Ver Tabaco				
Lemini	Ver Mastruço				
Levante	Yerba buena	*Mentha silvestris*	Labiadas	N.I.	Alevante/Hortelã
Lírio*	Aleli	*Plumeria tuberculata*	Apocináceas	N.I.	Lírio

NO TEXTO	NOME CUBANO	NOME CIENTÍFICO	FAMÍLIA	NOME IORUBÁ	NOME BRASILEIRO
Lírio-branco	Ver Taparaco				
Loaso	Ver Cuaba				
Lotus	Ver Oxibatá				
Loureiro	Loureiro	Laurus nobilis	Lauráceas	N.I.	Louro
Macaçá	N.I	Tanacetum vulgaris	Compostas	Pèrègún kó	Catinga-de-mulata
Mãe-boa	N.I.	Ruellia geminiflora	Acantáceas	Ìyábeyín	Mãe-boa
Majagua*	Majagua	Hibiscus elatus	Malváceas	Ògìgí	Cânhamo Brasileiro
Mal-me-quer	Ver Não-me-esqueças				
Maloja*	N.I.	N.I.	N.I.	N.I.	N.I.
Malva	Malva de Cuba	Sida cordifolia	Malváceas	Èkuru oko	Malva -branca
Malvaisco	N.I.	Althea officinalis	Malváceas	N.I.	Altéia, Malvaisco
Mamão	Fruta Bomba	Carica papaya	Caricáceas	Ìbẹ̀pẹ̀	Mamoeiro
Mamona	Higuereta	Ricinus communis	Euforbiáceas	Lará funfun	Mamona, Carrapateira
Mamona-roxa	Higuereta	Ricinus sanguineus	Euforbiáceas	Lará pupa	Mamona-vermelha
Mandioca	N.I.	Manihot esculenta	Euforbiáceas	Ẹ̀gẹ́ funfun	Aipim / Macaxeira
Manga	Mango	Mangifera indica	Anacardiáceas	Mángòrò	Manga / Mangueira
Mango colorado	Mangle colorado	Rizophora mangle	Rizoforáceas	Ẹ̀gbà	Mangue-vermelho
Mangue-vermelho	Ver Mango colorado				
Manjerona	N.I.	Origanum manjorana	Labiadas	N.I.	Manjerona
Maravilha	Bonina	Mirabilis jalapa	Nictagináceas	Tannáposó	Beijo-de-frade
Marcela	N.I.	Matricaria spp	Compostas	N.I.	Macela / camomila
Marió	Corojo	Elaeis guineensis	Palmáceas	Igi ọ̀pẹ̀	Dendezeiro, Marió (folha)
Marpacífico	Ver Amapola				
Marupá	N.I.	Simaruba spp	Simarubáceas	N.I.	Marupá
Mastruço	Mastuerzo	Lepidium spp	Cruciferas	N.I.	Mastruço
Melancia	Melón de agua	Citrullus vulgaris	Cucurbitáceas	Bara	Melancia
Melão	Melón	Cucumis melo	Cucurbitáceas	N.I.	Melão
Melão-de-são-caetano	Onibara	Momordica charantia	Cucurbitáceas	Ejínrín wéwé	Melão-de-são-caetano
					Fruta-de-negros

NO TEXTO	NOME CUBANO	NOME CIENTÍFICO	FAMÍLIA	NOME IORUBÁ	NOME BRASILEIRO
Mil-flores*	Milflores	*Clorodendron fragans*	Verbenáceas	Aporó	Mil-flores
Mil-folhas	Mil folhas	*Achillea millefolium*	Compostas	N.I.	Mil-em-rama
Milho	Maiz	*Zea mays*	Gramíneas	Àgbàdo	Milho
Mil-homens	*Ver Tuko*				
Moro	Plateado	*Psychotria ipecacuanha*	Rubiáceas	Akówò	Ipecacuanha
Moruro*	Moruro	*Mouriri acuta*	N.I.	N.I.	N.I.
Mulungu	N.I.	*Erythrina mulungu*	Leguminosas	N.I.	Mulungu
Musgo*	Musgo	*Lichen prilifer*	Liquenáceas	N.I.	Musgo / Liqüen
Musgo-marinho*	N.I.	*Museus marinus*	Politricáceas	N.I.	Musgo-marinho
Não-me-esqueças	No-me-olvides	*Calendula officinali*	Compostas	Bánjòkó	Mal-me-quer
Narciso	N.I.	*Narcisus spp*	Amariliáceas	N.I.	Narciso
Nega-mina	N.I.	*Citriosma oligandra*	Monimiáceas	N.I.	Nega-mina
Ni	*Ver Anileira*				
Nijé*	Escoba-amarga	*Partenium histerophorus*	Compostas	N.I.	N.I.
Niká*	Cabo-de-hacha	*Trichilia hirta*	Meliáceas	Ajígbagbó	N.I.
Obi	Obi Kola	*Cola acuminata*	Esterculiáceas	Obi	Noz-de-cola, Colateira
Odundun	*Ver Dundun*				
Ofá	*Ver Figueira-santa*				
Oguede	*Ver Abóbora*				
Ogungum*	Campana	*Cola cordiflora*	Esterculiáceas	Ogúngún	Campânula
Okikan	*Ver Abá*				
Okutara itobi	*Ver Abacate*	*Persea gratissima*	Lauráceas	N.I.	Abacate
Olho-de-boi*	N.I.	*Dolichos giganteus*	Leguminosas	N.I.	Olho-de-boi
Olobotuje	Olobotuje	*Jatropha curcas*	Euforbiáceas	Olóbòntujè	Pinhão-de-purga
Olouro	*Ver Erva-de-santa-luzia*				
Olubo	Planatillo-de-cuba	*Piper marginatum*	Piperáceas	Yàwé	Caapeba, Cheirosa, Pimenta-do-mato
Onze-horas*	Diez-del-dia	*Portulaca grandiflora*	Portulacáceas	N.I.	Onze-horas

NO TEXTO	NOME CUBANO	NOME CIENTÍFICO	FAMÍLIA	NOME IORUBÁ	NOME BRASILEIRO
Oripepe*	Imo de Oxun	*Spilantis filicaulis*	Compostas	Ewerepèpê	Oripepê
Oriri	N.I.	*Parietaria officinalis*	Urticáceas	Oriri	Folha-de-oxum
Orô	Ver Algodão				
Orobô	Orogbo	*Garcinia kola*	Gutíferas	Orógbó	Orobô
Orudan*	Tamarindo Chino	*Pithecolobium arborem*	Leguminosas	N.I.	Olho-de-cão
Orumaya	Flamboyant	*Eufenia pulcherrima*	Nirtáceas	N.I.	Flamboianzinho
Osan ou Asan	Ver Abiu roxo				
Osun	Bija	*Bixa orellana*	Bixáceas	Osun elédé	Urucum
Oxibatá	Oxibatá	*Nimphea lotus*	Ninfeáceas	Ọsì bàtà	Lotus
Paineira	Baobá	*Chorisia speciosa*	Bombacáceas	Osé igbéèlújù	Paineira/Barriguda
Palha-da-costa*	R áfia	*Palma madagascariense*	Palmáceas	N.I.	Palha-da-costa
Palmeira imperial	Palmeira-real	*Orelodoxa oleracea*	Palmáceas	N.I.	Palmeira-real
Panacéia	N.I.	*Solanum spp*	Solanáceas	N.I.	Panacéia
Paraiso	Paraizo	*Mirabilis jalapa*	Nictagináceas	Tannáposó	Maravilha
Parami	Parami ou ponasi	*Hamelia patens*	Rubiáceas	N.I.	N.I.
Pára-raio	Ver Ibajó				
Parreira	Uva	*Viti vinifera*	Vitáceas	N.I.	Parreira-de-uva
Pata-de-galinha	Pata-de-galina	*Eleusine indica*	Gramíneas	Gbági P	Pé-de-galinha, (capim)
Pata-de-vaca	N.I.	*Bauhinia fortificata*	Leguminosas	N.I.	Pata-de-vaca
Pau-de-resposta*	Jibá	*Erytroxylon havanense*	Eritroxiláceas	N.I.	Pau-de-resposta
Pau-ferro	N.I	*Caesalpinia ferrea*	Leguminosas	Àwin	Pau-ferro
Pau-pereira	N.I.	*Geissospermum sericeum*	Apocináceas	N.I.	Pau-pereira
Pega-pinto	Atiponlá	*Boerhavia hirsuta*	Nictagináceas	Ètìpọ̀nlá	Erva-tostão
Perêgun	Peregun	*Dracena fragans*	Liliáceas	Pèrègún	Coqueiro-de-venus
Pião	Romerillo Blanco	*Bidens pilosa Galisonga parvijloria*	Compostas	Elésin máso	Picão
Picão-branco*	N.I.		Compostas	N.I.	Picão-branco
Picão-da-praia	N.I.	*?lumbago littoralis*	Compostas	N.I.	Picão-da-praia
Pikotó	Vibona	*Didymopanax morotoni*	Araliáceas	N.I.	Vibona
Pimenta-da-guiné	Pimienta de Guiné	*Piper guineense*	Piperáceas	N.I.	Pimenta-de-rabo

NO TEXTO	NOME CUBANO	NOME CIENTÍFICO	FAMÍLIA	NOME IORUBÁ	NOME BRASILEIRO
Pimenta-da-costa	Atare	*Xylopia spp*	Zingiberáceas	Ataare	Pimenta-da-costa
Pimenta-do-chile	Malegueta	*Capsicum spp*	Solanáceas	Ata eye	Pimenta-malagueta brasileira
Pimenta-do-reino	N.I.	*Piper nigrum*	Piperáceas	Iyere	Pimenta-do-reino, Bejerecum
Pimenta-malagueta	Malegueta	*Afromomum meleguete*	Solanáceas	Ata eye	Pimenta-malagueta
Pimentão	Aji	*Capsicum annum*	Solanáceas	Ata ije	Pimentão-doce
Pingüim	N.I.	*Bromelia pinguim*	Bromeliáceas	N.I.	Pingüim
Pinhão-roxo	Olobotuje	*Jatropha gossypiifolia*	Euforbiáceas	Olóbotujè pupa	Pinhão-roxo
Pita	Pita	*Fourcroya gigantea*	Bromeliáceas	N.I.	Pita
Pitomba	N.I.	*Talica esculenta*	Sapindáceas	N.I.	Pitombeira
Pixurim	N.I.	*Acrodiclidum puchury*	Lauráceas	N.I.	Pixurim
Pon	*Ver Flamboyant*				
Prodigiosa	Prodigiosa	*Bryophilum pinnatum*	Crasuláceas	Àbámodá	Folha-da-fortuna
Quebra-mandinga*	N.I.	N.I.	N.I.	N.I.	Quebra-mandinga
Quebra-pedra	N.I.	*Phyllanthus niruri*	Euforbiáceas	Ewébojútọ̀nà	Quebra-pedra
Quiabo	Quimbombó	*Hibiscus esculentus*	Malváceas	Ilá	Quiabo
Ré	*Ver Alecrim*				
Romã	Granada	*Punica granatum*	Mirtáceas	N.I.	Romã
Rumatã	Frescura	*Pilea microphylla*	Urticáceas	N.I.	Brilhantina
Sacu-sacu*	N.I.	N.I.	N.I.	N.I.	N.I.
Saião	*Ver Folha-da-fortuna*				
Salsa	Perejil	*Petroselium sativum*	Umbelíferas	N.I.	Salsa
Salsaparrilha	Sarsaparilla	*Smilax spp*	Liláceas	Kansan	Salsaparrilha
Sálvia	Salvia de Castilla	*Salvia officinalis*	Labiadas	N.I.	Sálvia
Sândalo	Sándalo	*Santalum album*	Santaláceas	N.I.	Sândalo-branco
Sansan	Sansan	*Passiflora spp*	Passifloráceas	Sansán ọ̀nà	Maracujá
Sapoti	Zapote	*Acharas sapata*	Sapotáceas	N.I.	Sapoti
Sempre-viva	*Ver Prodigiosa*				

NO TEXTO	NOME CUBANO	NOME CIENTÍFICO	FAMÍLIA	NOME IORUBÁ	NOME BRASILEIRO
Sensitiva	Ver Dormideira (2)				
Soro*	Jiquí	Pera bumeliefolia	Euforbiáceas	N.I.	N.I.
Sumaúma	Ver Arabá				
Tabaco	Tabaco	Nicotiana tabacum	Solanáceas	Tábá	Fumo
Tabaté	Rompe-saraguey	Vernonia spp	Compostas	Ewúro jije	Alumã
Tamarindo	Tamarindo	Tamarindus indica	Leguminosas	Àjàgbao	Tamarindo
Tangerina	N.I.	Citrus nobilis	Rutáceas	Tanjarini	Tangerina
Taparaco	Azucena	Lilium candidum	Liliáceas	Àlubọ̀sà eléwé	Lírio-branco Cebola cecém
Tarumã	Orijé	Vitex spp	Verbanáceas	Òri	Tarumã
Tento-de-exu	Corolín	Abius precatorius	Leguminosas	N.I.	Tento-carolina, Jeriquiti
Tete	Ver Bredo-branco				
Trapoeraba-azul	N.I.	Tradescantia commelina	Comelináceas	N.I.	Trapoeraba-azul, Olhos-de-santa-luzia
Trevo	Trebol	Melilotus officinalis	Leguminosas	N.I.	Trevo
Tribulillo	Ver Abre-caminho				
Trombeta-branca	Ver Agogo funfun				
Tuatua	Ver Pinhão				
Tuko	Bejuco-amargo	Aristolachia cymbifera	Aristoloquiáceas	Akemi letí	Jarrinha, Jiboinha
Uro	Ver Sálvia				
Urtiga	Urtiguilla	Urera spp	Urticáceas	Ewé iná	Urtiga
Urucum	Ver Osun				
Uva-do-mato	Biriji	Eugenia spp	Mirtáceas	N.I.	Erva-d o-mato, Uvalha
Vassourinha	N.I.	Sida carpinifolia	Malváceas	Agidimagbáyin	Vassourinha-do-mato
Vence-demanda	N.I.	Seguiera alliacea	Fitolacáceas	N.I.	Vence-demanda
Verdolaga	Ver Beldroega				
Vitória-régia	N.I.	Victoria regia	Ninfeáceas	N.I.	Vitória-régia

NO TEXTO	NOME CUBANO	NOME CIENTÍFICO	FAMÍLIA	NOME IORUBÁ	NOME BRASILEIRO
Waákika	Ver Abá				
Xaworô*	Shaorô	Cadiospermum grandiflorium	Spindáceas	Saworo	N.I.
Xicá	Ver Kóko arirá				
Yá*	Aguedita macho	Casearia silvestris	Flacuciárceas	N.I.	Erva-de-bugre
Yaguna*	Yáguna	Imperata brasiliensis	Gramíneas	Èkan	N.I.
Yamagua*	Yamagua	Guarea trichilióides	Meliáceas	Olófun	Gitó
Yamao*	Ver Yamagua				
Yaya*	Yaya	Oxandra laceolata	Anonáceas	Yáyá	N.I.
Yila*	N.I.	Thumbergia fragans	N.I.	N.I.	N.I.

* Dados colhidos de diversas fontes, sem confirmação das informações em fontes científicas.

GLOSSÁRIO

Abikú - Literalmente "os nascidos para morrer". Espíritos que, penetrando nos corpos de mulheres, encarnam nos filhos por elas gerados provocando sua morte antes dos sete ou nove anos de idade ou mesmo durante a gestação. Os abikú, também chamados "Emeré" recebem tratamento litúrgico específico que tem por finalidade, convencê-los a permanecer entre os vivos. Para maior esclarecimento sobre o tema, aconselhamos a leitura do artigo de autoria de Pierre Verger, intitulado "A sociedade Egbé Òrun dos Abíkú, as crianças nascem para morrer várias vezes". Afro-Ásia, Salvador, Universidade Federal da Bahia, nº 14,1983.
Acaçá - Bolo de farinha de milho branco cozida. Esta iguaria é utilizada no rito, sempre envolvida em folhas de bananeira, mamona ou outras, de acordo com a finalidade pretendida. A consistência varia de acordo com a utilização.
Acarajé - Iguaria da culinária africana feita à base de feijão-fradinho descascado e moído, camarão seco, cebola etc. Da massa obtida separam-se pequenas porções que são fritas em azeite-de-dendê e servidas quentes, geralmente recheadas com molho de camarão muito apimentado. O acarajé é a principal comida de Oiá.
Adie - Galinha.
Adimu - Qualquer oferenda às entidades cultuadas na qual não sejam feitos sacrifícios animais.
Agutan - Carneiro.
Ajá - Cão.
Ajapá - Cágado, jaboti.
Ajé - A tradução literal é "feiticeira", "bruxa". O termo é usado nos candomblés brasileiros em referência a pessoas nocivas, ignorantes e inaptas, assim como pode ter também o mesmo sentido dado ao termo" arajé".
Akukó - Galo.
Amaci - Remédio obtido pela maceração de ervas em água. Pode ser usado em banhos ou ingerido. (O termo é de origem fon - "Amasí".)
Amalá de quiabo - Ver amalá ilá.
Amalá ilá - Comida que se oferece aos orixás, confeccionada com quiabo, camarão seco, e diversos temperos.
Aparo - Codorna.
Ará - Corpo físico.
Arajé - Aquele que faz ou deseja mal a alguém. De forma figurada é utilizado com o sentido de "inimigo".
Arun - Doença.

Ataré - Pimenta-da-costa. (Ver listagem de vegetais anexa).
Atefá - Cerimônia de consulta à Ifá marcando os Odus sobre o oponifá.
Atena Ifá - Conjunto de signos de Ifá utilizados para fins específicos.
Axé - A palavra possui uma grande diversidade de significados. Pode significar "assim seja" da mesma forma que o "amem" latino, assim como pode significar força, energia positiva, poder, etc.
Axexê - Cerimonial fúnebre.
Babalaô - Sacerdote de Orumilá. Literalmente "pai que possui o segredo". Este cargo é reservado exclusivamente para homens.
Bori - Cerimônia onde se cultua o "Ori" entidade transcendental que anima o ser humano e que, segundo se crê, habita e é representado pela cabeça de cada um. Ato de "dar comida à cabeça" (do ioruba: ebó orí).
Bogbo - Todos.
Caramujo kobo - qualquer caramujo marinho que possua uma concha cônica.
Dudu - Preto, negro.
Ebó - Qualquer sacrifício oferecido às entidades de um modo geral.
Ebô - Canjica cozida. A principal oferenda de Obatalá.
Ecó - Ver acaça.
Ecodidé - Pena vermelha da cauda do papagaio africano. Esta ave apesar do predomínio da cor cinzenta em suas penas, possui a cauda composta de penas inteiramente vermelhas.
Edu-ará -Pedra de raio.
Efun - Espécie de giz branco obtido do caulim, utilizado em pinturas ritualísticas e em diversos outros procedimentos. Pó branco. Pemba branca.
Egum - Espírito humano. Esqueleto. Cadáver. Osso. O morto.
Eiyelé - Pombo.
Ejá - Peixe.
Ejá tutu - Peixe fresco.
Ejé -Sangue.
Ejó - Confusão, briga.
Ecuru - Comida típica e ritualística.
Ekú - Rato do mato, preá, cotia.
Embira - Tiras confeccionadas com a Casca do tronco de bananeira.
Epô - Azeite, óleo comestível.
Epô pupá - Azeite-de-dendê (literalmente: "óleo vermelho").
Eran malú - Carne bovina.
Eruqueré - Espécie de espanador feito com rabo de cavalo e usado como símbolo de realeza.
Etú - Galinha d'angola.
Folhas litúrgicas de Iemanjá (algumas) - Alcaparra; Altéia; Anis-estrelado; Araticum-da-praia; Cavalinha; Colônia; Erva-de-Sta. Luzia; Golfo; Graviola; Jasmim; Jequitibá-rosa; Lágrima-de-nossa-senhora; Mãe-boa; Musgo-marinho; Orirí; Pata-de-vaca; Trapoeraba.

Folhas litúrgicas de Ifá (algumas) - Abricó-do-pará; Batatão-roxo; Bredo-branco; Cauda-de-raposa; Ewé amúwàgún; Folha-da-costa; Folhas novas de dendezeiro; Jabuti-membeca; Maravilha; Marupá; Pingüim.
Folhas litúrgicas de Ossâim (algumas) - Angélica; Anis-estrelado; Caferana; Cajazeira; Carobinha; Carrapeta; Carrapeta; Celidônia; Erva-de-passarinho; Erva-de-Sta. Luzia; Fumo; Jenipapo; Narciso; Pita;
Folhas litúrgicas de Oxum (algumas) - Abiu-roxo; Agrião; Aguapé; Alfavaca; Alumã; Arnica; Azedinha; Caferana; Calêndula; Camará; Camomila; Cana-fístula; Cipó-chumbo; Erva-cidreira; Erva-de-Santa-Luzia; Folha-de-costa; Ipe-amarelo; Iúca; Macaçá; Mãe-boa; Mastruço; Oripepê; Orirí.
Folhas litúrgicas de Xangô (algumas) - Abiu-roxo; Álamo; Alfavaca-do-campo; Aperta-ruão; Baleeira; Barba-timão; Betis-cheiroso; Brada-mundo; Caferana; Carrapeta; Colônia; Erva-de-S.João; Flamboyant; Fortuna; Imbaúba; Iroko; Jarrinha; Levante; Lírio-do-brejo; Mãe-boa; Manjerona; Melão-de-S.Caetano; Mil-homens; Mulungú; Nega-mina; Panacéia Pára-raio; Pau-pereira; Urucum.
Funfun - Branco.
Iami - Minha Mãe (literal). O termo é mais comumente usado para designar o grupo denominado "Iyami Ajé" as mães feiticeiras, espíritos femininos dotados de grande poder e cultuados numa representação coletiva chamada "Iyami Oxorongá". O poder desta entidade é representado por um pássaro misterioso e seu culto é exclusivamente feminino.
Idé - Pulseira.
Idefá - Pulseira de Ifá confeccionada com contas alternadas verdes e amarelas ou verdes e marrons. A variação de cores é de acordo com a origem do culto.
Ierofá - Ver Iyefá.
Ierosum - Pó da madeira da árvore *igí irosun* (*Baphia nitida* - Leguminoso) obtido pela ação dos cupins e usado em procedimentos litúrgicos no culto de Ifá.
Igbá - Assentamento de Orixá, cabaça, ventre.
Igbin - Caramujo terrestre. Oferenda por excelência dos orixás Funfun.
Igui - Galho de qualquer planta; pedaço de madeira.
Íja - Problemas de justiça, perseguição de autoridades, confusões de todas as ordens.
Ikin - Caroço de dendê consagrado a Ifá.
Ikú - A Morte.
Ilê - Casa, lar, pátria. A terra.
Irê - Benção, coisa boa.
Irofá - Pequeno bastão de marfim, chifre, ou outro material qualquer usado no processo divinatório de Ifá.
Irosobara- Omó Odu resultante da interação de Irosun e Obara.
Iyefá - Pó de Ifá, utilizado para marcar-se as figuras dos Odu sobre o tabuleiro divinatório.

Kobo - ver caramujos kobo.
Leri Egum - Crânio humano.
Malaguidi - Fetiche.
Mariô - Palha do dendezeiro (*Elaeis guineensis* - Palmáceas).
Meji - Duplo, duas vezes.
Obarabogbe - Omó Odu resultante da interação de Obara e Ogbe
Obé - Faca. Instrumento de corte.
Oberó - Alguidar.
Obi batá - Obi de mais de três gomos.
Obi omi tutu - Oferenda composta de obi ou coco e água fresca.
Obinrín - Mulher.
Ocutá - Pedra. O termo é, na maioria das vezes, substituído pela corruptela "otá".
Ofá - Arco. Símbolo representativo dos Orixás caçadores confeccionado em ferro ou qualquer outro metal.
Oguede - Abóbora.
Oguidi - Bolo de farinha de milho vermelho fermentada em água, à qual se acrescenta canela, baunilha e açúcar mascavo. A mistura é cozida e, depois de adquirir a consistência necessária, embrulhada em folhas de mamona, devendo novamente ser mergulhada em água fervente durante cerca de quinze minutos.
Oju - Olho.
Okutá - Pedra.
Olelé - Bolo de feijão fradinho moído e descascado depois de ter sido deixado de molho em água fria por um período de três dias. A massa obtida é refogada com cebola, pimentão vermelho, cominho, tomate e dois ovos. As porções, retiradas com uma colher de pau, são embrulhadas em folhas de mamona que, depois de bem amarradas, são colocadas para ferver em água durante 20 minutos.
Omi - Água.
Omi-tutu - Água fresca, água fria.
Omieró - Água lustral usada em banhos e consagrações ritualísticas, preparadas à base de ervas maceradas e outros elementos mágicos.
Omó Odu - Qualquer um dos 240 Odus de Ifá resultantes da interação de dois dos Odu principais.
Opon - Tabuleiro. O termo "oponifá" designa o tabuleiro de madeira utilizado pelos sacerdotes de Orumilá nas consultas oraculares.
Ori-da-costa - Limo-da-costa. Manteiga vegetal obtida da planta denominada "Òrí" (*Buyrospermum paradoxum* sp. *Parkii* - Sapotáceas).
Ori - Cabeça. Crânio.
Orixá Okô - Orixá da agricultura. No Brasil, o culto a este importante Orixá se perdeu quase que em sua totalidade.
Orô - A tradução literal do termo é "palavra", aquilo que se diz ou fala. No caso, significa as palavras faladas e cantadas numa cerimônia.

Orum - O espaço sagrado habitado pelo Deus supremo e pelas divindades e demais entidades espirituais. Segundo a tradição há nove Oruns, cada um deles relacionado a um plano de existência espiritual e material.
Osogbo - Negatividade, acontecimento ou influência nefasta.
Osogbo arun - Influência negativa relacionada à uma doença.
Osun - Pó extraído do vegetal "Òsun" (*Solanum macrocarpum* - Solanáceas), utilizado ritualísca e medicinalmente.
Otá - A tradução literal desta palavra é "inimigo" ou "adversário". Pode significar, também, "pedra" em relação às pedras consagradas aos Orixás, sendo aí, uma corruptela do termo" okutá" (pedra).
Otí - Aguardente, bebida alcoólica.
Otí funfun - Aguardente branca, cachaça.
Oxe Dudu - Sabão preto. Sabão-da-costa.
Oxetura - Omó Odu resultante da interação de Oxe e Otura.
Oxeyekú - Omó Odu resultante da interação de Oxe e Oyeku.
Oyekuxe - Omó Odu resultante da interação de Oyeku e Oxe.
Puxar um animal - O termo "puxar" aqui utilizado determina a diferença existente na forma de sacrifício de alguns animais, nas quais não é permitido a utilização de facas ou qualquer outro tipo de objeto. No caso, a decapitação é efetuada "puxando-se", com as mãos, a cabeça do animal para separá-la do corpo.
Sacudimento - Ato de passar ou bater no corpo da pessoa os elementos constantes de um ebó.
Sal-de-sardinha - O sal utilizado na conservação deste peixe.
Saraekó - Acaçá desmanchado em água. Existem diferentes receitas de saraekó que variam de acordo com a sua utilização ritualística.
Saraieiê - Ver sacudimento.
Tutu - Frio, fresco.
Uáji - Corante azul extraído da "anileira" (*Indigofera sufruticosa* - Leguminosas Papilinódeas) utilizado em pinturas e outras funções ritualísticas.
Xaorô - Guizo, chocalho.
Xeré - Chocalho ritualístico confeccionado com uma cabaça de cabo longo.

BIBLIOGRAFIA

AULETE, Caldas. *Dicionário Contemporâneo da Língua Portuguesa*. Rio de Janeiro: Delta, s. d.
BALBACH, Antônio. *A Flora Nacional na Medicina Doméstica*. São Paulo: MVP (Edições "A Edificação do Lar").
BALBACH, Alfons. *A Flora Nacional na Medicina do Lar*. São Paulo: Editora A Edificação do Lar, s/d.
CABRERA, Lydia. *El Monte - Igbo Finda*. Miami, Florida (EUA): Rema Press, 1968.
CABRERA, Lydia. *Anagó - Vocabulário Lucumi*. Miami, Flórida (EUA): Ediciones Universal, 1970.
CABRERA, Lydia. *Los Animales en el Folklore y La Magia de Cuba*. Miami, Flórida (EUA): Ediciones Universal, 1988.
CRUZ, G. L. *Dicionário das Plantas Úteis do Brasil*. Rio de Janeiro: Bertrand Brasil, 1995.
FATUMBI, Pierre Verger. *Ewé: O Uso das Plantas na Sociedade Iorubá*. São Paulo: Companhia das Letras, 1995.
LÖFGREN, Alberto. *Notas Sobre as Plantas Exóticas no Estado de São Paulo*. São Paulo: Ed.: Red. Da "Revista Agrícola", 1906.
ORTIZ, Fernando. *Glossario de Afronegrismos*. La Habana (Cuba): Editorial de Ciencias Sociales ,1981.
R. C. Abraham. *Dictionary of Modern Yoruba*. Londres: University of London Press, 1958.
ROIG, Juan Tomás. *Plantas Medicinales, Aromáticas o Venenosas de Cuba*. La Habana (Cuba): Editorial Cientifico- Tecnica, 1945.
SILVA, Ornato José da. *Ervas - Raizes Africanas*. Rio de Janeiro: Pallas Editora.
VERGER, Pierre Fatumbi. *Ewé - O Uso das Plantas na Sociedade Ioruba*. São Paulo: Companhia das Letras, 1995.

Este livro foi impresso em novembro de 2020, na Gráfica Exklusiva, em Curitiba.
O papel de miolo é offset 75g/m² e o da capa é cartão 250g/m².